民國歷史與文化研究

二 編

第 **23** 冊

蘇北歌謠研究（第三冊）

馮翠珍 著

花木蘭文化出版社

國家圖書館出版品預行編目資料

蘇北歌謠研究（第三冊）／馮翠珍 著 — 初版 — 新北市：花
木蘭文化出版社，2015〔民 104〕
目 6+168 面；19×26 公分
（民國歷史與文化研究 二編；第 23 冊）
ISBN 978-986-404-291-3（精裝）
1. 民謠 2. 中國
628.08 　　　　　　　　　　　　　　　　104012470

ISBN-978-986-404-291-3

9 789864 042913

民國歷史與文化研究
二 編 第二三冊 　　　　　　　　ISBN：978-986-404-291-3

蘇北歌謠研究（第三冊）

作 者	馮翠珍
總 編 輯	杜潔祥
副總編輯	楊嘉樂
編 輯	許郁翎
出 版	花木蘭文化出版社
社 長	高小娟
聯絡地址	235 新北市中和區中安街七二號十三樓
	電話：02-2923-1455／傳眞：02-2923-1452
網 址	http://www.huamulan.tw 信箱 hml810518@gmail.com
印 刷	普羅文化出版廣告事業
初 版	2015 年 9 月
全書字數	506702 字
定 價	二編 24 冊（精裝）台幣 45,000 元

蘇北歌謠研究（第三冊）

馮翠珍　著

目

次

第柒章　蘇北歌謠的型式探析

　　蘇北歌謠數量豐富，其中較爲眾人熟悉的歌謠，其體裁大多以小調爲主。這些小調涵括了歌謠蘊含的多種不同型式，包括以「徒歌」爲主的賦歌及數字歌；具有固定曲調，屬於「謠調」的〈孟姜女〉、〈小放牛〉、〈小白菜〉以及〈月兒彎彎照九州〉；還有被歸於「時調」類的〈四季相思〉、〈五更調〉、〈唱春調〉、〈花船調〉等〔註1〕。

　　這些型式的歌調不斷被套用在各種內容的歌謠之中，令人有耳熟能詳的熟悉感。之所以能夠如此廣受歡迎，原因無他，正是因爲這些型式的歌調具有「好聽、好唱、群眾熟悉〔註2〕」等特質，所以能夠快速被百姓接受並四處傳唱；甚至更進一步引發民間再創作的欲望，成爲百姓直抒胸臆的利器、反映出百姓最眞實的心聲。

　　經筆者耙梳整理後發現，常見於蘇北歌謠中的型式大致有以下幾類，分別是**五更調、四季相思、唱春調、數字歌、對歌、號子以及賦歌**。這些型式，有的是從南北朝以來吳歌西曲的遺留，（如五更調、四季相思、唱春調等）；有些是從他地輾轉而來的地方小調；至於具有鋪陳敷衍敘事功能的賦歌，更是蘇北故事歌中常見的型式。本章將一一整理說明之。

〔註1〕關於歌謠體裁的定義，請參見曾永義《俗文學概論》，（台北‧三民，2003年6月），頁640～653。

〔註2〕見彭玉蘭撰〈論贛南地區紅色歌謠的藝術特徵〉所引用，中共革命元老瞿秋白對歌謠的看法。收錄於黑龍江省《牡丹江大學學報》，2010年3月，第19卷第3期，頁43～47。

第一節　五更調

「五更調」又名「五更曲」、「歎五更」、「五更鼓」；其主要型式是全歌歌詞共有五疊，每一更次爲一疊，從一更到五更依次遞轉詠歌，所以亦名爲「五更轉」。由於此調是以時序作爲重複形式，且時序置於每一疊之首，或以「一呀一更裡」或「一更裡來⋯⋯」等語開頭，所以又被歸之於「定格聯章體」的曲子〔註3〕。

據朱自清《中國歌謠》所言：「⋯⋯南朝的〈子夜四時歌〉是〈四季相思〉調的祖禰；〈月節折楊柳〉是〈十二月唱春〉的祖禰；〈從軍五更調〉是〈五更調〉的祖禰〔註4〕」，可知「五更調」早在南北朝時已經出現；當時的內容以反映軍旅生活及紓發征人相思之苦爲主；宋代通俗文學開始出現後，五更調成爲商業化城市中歌妓們侑唱時所使用的歌調，其內容轉爲傳達女性的相思之情爲主〔註5〕。時長日久之後，五更調成爲時調的一種，「由日常群眾傳唱外、還經常由職業會半職業的民間藝人在城市鄉鎮、歌樓酒坊等地賣唱」〔註6〕。

蘇北歌謠中的五更調大出現在情歌中、是一種從女性角度吟唱的歌調，內容則以相思爲主。現今可見於蘇北的地區的五更調共有六十七首，依內容區分其功能可歸納爲以下數類，包括反映戰爭、宣導政令、訴苦、調情、娛樂等功用。以下將逐一介紹。

一、反映戰爭的五更調

在所有以五更調爲基礎的歌謠中，與戰爭相關的歌謠就佔了約三分之一，可見自古至今戰爭所爲人們生活所帶來的影響之鉅。這些戰爭歌謠若以主題及功能分，又可歸納出以下幾種功用：（一）哭訴戰爭；（二）激勵從軍；（三）歌頌勝利；其中內容或是循「女子思征夫」的傳統內容抒唱，或是唱述國共內戰期間重要戰役的過程（如淮海戰役、窯灣之戰⋯⋯等）；或是用以

〔註3〕「定格聯章體」等相關定義，請參見陳秀芳撰〈歐陽修〈漁家傲十二月令〉聯章詞修辭藝術析論〉一文，收錄於《大同技術學院學報》，（嘉義：大同技術學院），第17期，2010年1月，頁97～119。

〔註4〕見朱自清著《中國歌謠》，（台北：世界書局，1970年1月），頁121。

〔註5〕見柯楊撰〈五更調〉，收錄於〈中國百科網〉，http://www.chinabaike.com/article/1/78/433/2007/20070520113314.html

〔註6〕見曾永義《俗文學概論》，頁649。

激勵戰爭（對日抗戰、國共內戰、抗美援朝……等）期間軍心士氣之用。可見戰爭期間五更調極爲常見，應用廣泛。

「哭訴戰爭」是五更調最原始的型態。這些歌謠的內容是以「女子思征夫」爲題材，歌中女子們哭訴著丈夫被強徵從軍，導致家庭從此失去依靠的痛苦。這些名之爲「哭五更」或「罵五更」、「抓壯丁」的歌謠，其時代背景跨越對日抗戰、國共內戰以至於韓戰；可謂忠實反映出不同時代的戰爭氛圍。也有五更調在歌中針對政治時事加以批判，指名道姓地指責執政者施政不力、橫添不幸。如邳縣的〈罵五更〔註 7〕〉，就是以當時的執政者及其身旁的重要官員爲埋怨的對象：

> 一呀一更裡呀，月亮照正東，
> 爲奴坐在房中淚盈盈，罵道一聲蔣中正啊……
> 二罵二更裡，月亮照床前，
> 爲奴在房中淚漣漣啊，罵道一聲參議員哪……
> 三呀三更裡呀，鼓打三更鼓，
> 爲奴在房中淚撲簌啊，罵道一聲何參謀啊
> 四呀四更裡呀，月亮照西牆，
> 爲奴在房中淚汪汪，罵道一聲二老爹娘啊……
> 五呀五更裡，鼓打金雞啼，
> 奴在房中是淚淒淒啊，罵道一聲天和地啊……

在眾多五更調大同小異的內容中，最後一疊不外乎因爲分離而怨天尤人。甚至有的歌謠埋怨公婆偏心，不讓大伯或小叔被徵召、卻讓自己的丈夫應召從軍。這些以從軍爲主題的五更調，是讓獨守空閨的女子痛快發洩心中不滿的常見方式之一。

「五更從軍歌」在蘇北歌謠中還有一種亞型：〈李玉蓮勸夫〉。這一系列歌謠的內容不在於發洩女子心中的不滿；相反的卻由女主角李玉蓮，以五更調勸丈夫快快入伍從軍報國。這類**激勵從軍**的歌謠就其內容觀之，可視爲用以宣傳政令的時政歌。此歌在蘇北各地或有名稱上的不同、內容卻是大同小異，具有鼓動及感染慷慨從軍的作用。

第三種與戰爭相關的五更調，其內容主要著重於**歌頌戰爭勝利**、同時達到宣傳的效果。如邳縣的〈打淮海〉、新沂縣的〈淮海勝利〉、〈打窯灣〉、〈小

〔註 7〕見《邳縣歌謠集成》，頁 22。

五更〉等，都是藉五更調宣揚解放軍的英勇與勝利。

　　綜合上述，以「五更從軍調」爲基礎發展出以戰爭爲提材的五更調，大多延襲了長久以來自江南流傳來的五更調傳統，由女子唱出對於男子從軍所帶來的不幸與悲苦，成爲對大時代的動盪下眞實生活的側寫之一。

二、作爲政令宣導的五更調

　　五更調簡明易學、傳唱方便，因此也被應用於宣導政令上。如鼓吹土地改革的優點〔註 8〕、或是鼓舞民眾加入各個政團組織〔註 9〕；再者或是宣傳上夜學識字的好處〔註 10〕；又或者是宣揚共產主義對婦女地位的建樹與幫助〔註 11〕……等。從這些歌謠中可以看出歌謠如何穿越了不同教育程度的藩籬，使時政宣導有效便捷，再度印證了瞿秋白對歌謠宣傳功能的肯定〔註 12〕。茲轉錄新沂縣的〈婦女翻身〉於下以供參考：

　　（一）一呀一更里，月亮照東樓。

　　　尊一聲婦女們，細聽我說根由；

　　　提起來以前事痛苦好不難受，

　　　有公公小叔子拿咱當牛馬。

　　　二呀二更里，月亮照樓塔，

　　　思想起咱婦女們苦難實在大；

　　　婆婆打小姑子罵沒有我門天下，

　　　倒不如我們把革命來參加。

　　　三呀三更里，月亮照當頭。

　　　共產黨來領導我們得自由；

　　　想從前封建勢力我們受壓迫，

　　　現如今婦女們才算出了頭。

　　　四呀四更里，月亮轉了西，

　　　提起來封建事，人人都來氣；

〔註 8〕　見《新沂縣歌謠集成》〈土改了〉，頁 32。
〔註 9〕　見《徐州市歌謠集成》〈小五更〉，頁 89。
〔註 10〕　見《邳縣歌謠集成》〈上燈學〉，頁 152。
〔註 11〕　如《新沂縣歌謠集成》〈婦女翻身〉，頁 26；《徐州市歌謠集成》〈五更天〉，頁 41。
〔註 12〕　參見本文第肆章。

　　　現如今俺們婦女也能去開會，

　　　到會場説句話句句都在理。

　　　五呀五更里，月亮平了西，

　　　婦女們去勞動個個笑嘻嘻；

　　　男同志扶犁把我們出大力，

　　　家中事地裡活俺們都積極。

　　至於韓戰期間，中共為鼓動人民支持並參加**抗美援朝**，以凝聚國內共識，也出現了一些以五更調為基礎的歌曲。內容以挑起對美的仇恨意識、視北韓為兄弟同盟，以激起人民同仇敵愾的心理為目的，如新沂縣〈抗美援朝打敗美國佬〉〔註13〕、邳縣〈抗美援朝歌〉〔註14〕、銅山〈援朝鮮〉〔註15〕等，都是以五更調為型式的宣導歌謠。

三、用於訴苦的五更調

　　五更調原本就是作為訴苦之用的時調，所以除了用於發抒對戰爭的憤懣之外，也被用來控訴生活中的不幸；因此在生活歌中也常見以五更調為型式的苦歌。無論是窮苦的佃戶、被鬻嫁的童養媳、受歧視的女性……等，五更調都是他們渲洩內心痛苦的好方式。簡單而輕快的小調中，隱藏了沉重卻辛酸的人生，詞與曲的反差，彷彿沖淡主角的不幸，實則更有幾分對命運冷眼透視的無奈。以銅山縣的〈夫妻哭五更〔註16〕〉為例，歌中唱出貧賤夫妻百事哀的心酸：

　　夫：

　　　一更裡坐洞房，淚珠點點湮胸膛；

　　　再説不把賢妻賣，實在難顧二爹娘。

　　妻：

　　　二更裡天氣寒，夫君不必淚漣漣

　　　少年傷妻往往有，權當為妻染黃泉。

　　　過罷荒年重婚配，好好奉養二老人。

〔註13〕　見《新沂縣歌謠集成》，頁8。
〔註14〕　見《邳縣歌謠集成》，頁43。
〔註15〕　見《銅山縣歌謠集成》，頁43。
〔註16〕　見《銅山縣歌謠集成》，頁128。

夫：

　　三更裡淚雙傾，賢妻真稱女好榮。

　　捨身救了我的雙父母，轉生也難忘你這份情。

　　可恨我六尺男兒失教養，枉在世間走一程。

妻：

　　四更裡淚悲傷，口中不住喊上蒼。

　　莫非我前生多不孝，就是我燒了斷頭香。

夫：

　　五更裡來東發亮，賢妻提起二爹娘。

　　今生不能重婚配，轉生再來侍高堂

　　歌中流露出隨著天色漸亮而即將到來的分離之情，如此苦歌令人感嘆造化弄人的悲哀。

四、傳情用的五更調

　　蘇北採錄到的五更調中，也有許多以五更調為旋律及型式所唱出的情歌。無論是結交、思戀、熱戀、思別、送別、抗婚……等各式情歌，其中都有以五更調詠唱的例子；也有的情歌中將五更調與「四送調」結合，形成完整的約會歌謠：先是盼候情人到來；等到溫存之後、再依依不捨地送情人離開〔註17〕。總之，情歌可說是在時政歌之外，最廣泛使用五更調的歌謠種類。

五、娛樂用的五更調

　　五更調的應用還有一類單純用以自娛娛人。此類五更調或是利用其曲調傳唱歷史人物或傳說故事；或用於女子做女紅時哼唱自娛。無論是〈賣油郎獨佔花魁〉或是蘇北可見的歷史傳說歌，都有以五更調為曲式的歌謠。如邳縣的〈一更鼓兒敲〔註18〕〉，就是一首以五更調演唱的歷史傳說歌：

　　　　一更鼓兒敲，　敬德訪白袍

　　　　子胥辭了朝，　包文正錯斬就在天地廟

　　　　二更鼓兒長，　跨海征東平貴王，

　　　　蘇秦馬上燕，　劉秀走南陽

〔註17〕如邳縣〈五更四送〉、新沂〈小五更〉等皆是此種組合。
〔註18〕見《邳縣歌謠集成》，同註6，頁229。

推車販傘是柴王。

三更鼓兒多，　趙雲大戰長板坡，

蘇烈戰虞和，　虎提罵閻羅，

武松曾把梁山慎，哪吒鬧海惹下禍。

四更鼓兒鬧，　齊王推車販酸梅，

蘇軾走過國，　羅通掃過北，

竇氏曾把個樓來墜，關老爺赴過單刀會

五更鼓兒停，　單復蘆威劉斬雄

五虎鬧東京，　打擂是燕青。

呂蒙正把狀元中，程咬金大鬧瓊花宮。

　　五更調之所以流傳久遠、遍及各地，除了因為悲歡離合總在人生中遞嬗上演之外，此調的曲式簡單、變化性高，易於靈活運用，也是普遍流傳的主因。如連雲港的情歌〈二十五更〉，便是以五更調連唱五遍，才完整唱敘出女子如何力拒愛慕者的婚前求歡、更運用機智說服男子按步就班提親迎娶，最後終得共諧連理的過程〔註 19〕，可見五更調的應用彈性極高，足以表現出民歌的頑強的活力與生命力。

第二節　唱春調

　　「唱春調」即「十二月唱春」，也是南北朝時流傳下來的時調之一。名之為「唱春」，是因為早期農業社會中，民間藝人或唱蓮花落的，往往趁著冬季農閒至春節期間走街串巷、四處唱贊以乞討銀錢；所歌內容無非吉言祝語以求口彩得賞。所以由這些遊唱者所唱出的歌謠即名之為唱春調；歌者往往自稱「遊春人」或「遊春」。

　　蘇北地方有許多以唱春調所唱出的歌謠，其中最足以反映唱春調本來面目的，當推銅山縣的〈千家贊〔註20〕〉。其歌忠實反映出遊春人所唱的唱春調是以每疊四句的七言歌組串而成；吟誦唱春調時，遊春人或一人獨行；或兩人一組，手持春鑼與小扁鼓，四處賣唱。

〔註 19〕　見朱守和崔月明等人編《連雲港民間情歌》〈二十五更〉，（哈爾濱：北方文藝
　　　　　出版社，1999 年 1 月），頁 49。

〔註 20〕　請參見本文第陸章第一節〈雜歌〉。

蘇北地區稱「唱春調」所使用的曲調爲〈孟姜女調〉；或稱〈哭七七調〉，以其早期多用爲唱述孟姜女故事之故。茲錄其簡譜並邳縣〈孟姜女哭長城〉的部份內容於下：

孟姜女（哭七七調）

1=E （4/4）

‖: 1 1·2 3·5 3 2 3 | 5·6 1 6 5 5 3 2 - | 2 5 3·2 1·2 3 | 2·3 2 1 6 5 1 6 5 - |

正月　裡　　來正　月　　正，家家　戶　戶　點　　紅　　燈，

5·6 1 2·1 2 3 | 2·3 2 1 6 1 2 1 6 - | 6 2 1·6 5·6 1 | 2 7 6 5 1 6 5 - :‖

人　家夫　　妻團　　圓　歌，孟姜女　丈　夫(去)修　長　　城。

歌調本身可以不斷重覆，隨歌者所要表達的內容或長或短；由於簡單易唱，所以極受歡迎。以唱春調所唱的內容，常以〈十二月唱春〉的形式爲主：亦即以月份爲序，每個月以一到兩疊的長度來演唱隨時序演變而產生的變化；由於每疊的開頭多是「正月裡來正月正」、「二月裡來龍抬頭」之類的內容，唱述著每個月的重要節日或活動；因此多數以此形式作爲每疊起頭的唱春調，也可歸屬於定格聯章體之中。

唱春調的應用範圍也與五更調一樣廣泛，以下本節將分別就其各種不同的功能，如記錄、訴苦、調情、娛樂、教育等各種面向逐一討論之。

一、記錄社會的唱春調

蘇北地區以記錄爲目的的唱春調，記錄了少數行業的勞動工序、不同時間背景下的戰爭過程。如連雲港地區的〈採茶調〔註21〕〉，就是唱出了茶葉一整年的生長特色與茶農的生活模式：

> 正月裡來是新年，手拿金釵剪茶園。
>
> 點一點二十二級，新官上任交金錢。
>
> 二月採茶茶發芽，茶發南山根底下。
>
> 郎採多來奴採少，採多採少早回家。
>
> 採得多了上街賣，採得少來孝爹媽。
>
> 三月採茶茶發青，茶葉樹底下扣兜兜。
>
> 兩頭扣上十樣景，當中扣上採茶的人。

〔註21〕見《連雲港市歌謠集成》，同註9，頁914。

四月採茶茶葉圓，茶葉樹下綉龍盤。

先繡牛郎和織女，山神土地保平安。

五月採茶收麥忙，大麥上場二麥黃。

大麥上場粒歸倉，二麥上場交皇糧。

六月採茶熱烘烘，多栽楊柳少栽桑。

多栽黃桑無人採，多栽楊柳遮陰涼。

七月採茶七秋涼，俺請織匠上機房。

織了寒衣織夏衣，織了帽子共手方。

八月採茶茶葉黃，大風搖擺滿園響。

大姐回頭叫二姐，二姐回頭叫大娘。

九月採茶採成籃，俺上揚州去雇船。

雇趁大船頭裡走，後邊小船緊追上。

十月採茶採成堆，俺上揚州雇車推。

驢背肩擔後邊隨，小車緊緊後邊追。

十一月採茶到山西，寒冬冷水就冷饃。

能在家裡填把火，不上地裡受折磨。

十二月採茶到山東，十趟茶籃九趟空。

十個茶籃高掛起，單等來年茶發青。

「採茶歌」在連雲港市共採得三首，展現出海州地區製茶業依時而作的特性〔註22〕。

此外，〈十二月唱春調〉也用於記錄戰爭或事件進行的過程。例如記錄老四團攻打偽八路軍的〈十二月〉〔註23〕、以及記錄日軍如何被困在華北平原上進退失據的〈打日本〔註24〕〉，都是以「唱春調」為基礎所敷衍出來的歌謠。茲介紹後者於下以供參考：

正月裡來正月正，共產黨根據地在西北陝甘寧。

俄羅斯行統一，單打日本鬼子兵，小日本得着信，各路也不鬆。

二月裡來龍抬頭，日本鬼子個個不自由。

想回家不能走，遍地平路挖土溝，天上的飛機還缺少汽油。

三月裡來三月三，日本鬼子個個哭皇天。

〔註22〕相關介紹請參考本文第肆章第一節〈勞動歌・農歌〉。

〔註23〕見《連雲港市歌謠集成》，同註9，頁956。

〔註24〕見《新沂縣歌謠集成》〈打日本〉，頁29。

想回家難上難，身上沒有半文錢。想起了那時候爲什麼進中原。

四月裡來四月八，日本小鬼個個想回家。

想回家沒辦法，八路軍將他打，想起了那時候不該進中華。

這首歌謠雖然只唱了四個月，但亦足以表現出唱春調的特色。至於蘇北生活歌中的「要嫁妝歌〔註25〕」，則是藉著歌調與時俱進的特質，表現出籌備嫁妝曠日費時的特質，亦可視爲是唱春調記錄社會風俗民情的功用之一。

整體而言，唱春調因爲有一定的次第，所以能以此歌使人們對於歷時長久的事件產生認同感。例如攻打日寇、準備嫁妝以及茶農生活，都不能一蹴可即，亦不可能如五更調以五個更次間敘說完畢。這種眞實反映出事件綿亙時間感的特色，是唱春調所獨具的記錄優勢。

二、用以訴苦的唱春調

如同「五更調」可用於抒發征人婦的相思之苦，「唱春調」同樣可以用作唱述各種生活中的苦楚。整體而言，以「唱春調」應用於訴苦的範圍很廣，分別可歸類爲「思夫苦」、「從軍苦」、「生活苦」、以及「弔亡苦」。

以思夫苦爲例，主要以生活歌中的思別歌爲主要運用歌類。此類歌謠中逐月唱出女子思夫的心酸，包括〈十二月〉、〈十二月思盼〉、〈十二月思夫〉、〈十二月想郎〉、〈十二月調情〉、〈十二月相思〉……等，都是以唱春調爲應用基礎的思別歌〔註26〕。

唱春調中的「從軍苦」，指的是如〈當兵苦〉、〈勸郎要回家〉之類詠嘆從軍苦的歌謠；「生活苦」多由妓女、童養媳、灶民、窮民等處於社會底層的小人物，藉由唱春調緩緩唱出他們的不幸。至於如生活歌中的「寡婦哭墳」、「光棍哭妻」，則是應用唱春調所哭訴出的「弔亡苦」。

以訴苦功能而言，唱春調月復一月的形式，給予人們去而復來的感受，正足以映襯出訴苦者心境上漫長且無由出脫的悲涼與無奈。兼之以哭七七調時帶哭腔的曲調特質，格外能傳達歌者的哀怨之情，是以唱春調在苦歌中最受歡迎，可謂其來有自。

〔註25〕如邳縣〈要陪送歌〉、〈要嫁妝歌〉、徐州及新沂〈十二月姑娘要嫁妝〉、〈十二月姑娘要陪送〉等都是此類歌謠。

〔註26〕請參見本文附錄之情歌一覽表。

三、用於傳情的唱春調

　　唱春調悠長的情致固然適合傳達出綿綿無盡的苦情；但同樣也可以用來作為表達滔滔不絕情韻的工具。在以熱戀、結交為等類別的情歌中，多有以唱春調傳達情意的例子。那些飽受生活磨難者心中遙遙無期的漫長歲月，在戀人眼裡卻隨著時間的遞嬗而有千變萬化的風采。於是情人們以「唱春調」表現出與日俱增的情意，就如這首〈十月梅桃歌〔註27〕〉，歌中處處遊跡都見證了情人的濃情蜜意：

　　　　正月桃梅正月正，俺帶二小妹去觀燈，
　　　　來到花燈地，妹來，花燈觀得清。
　　　　二月桃梅龍抬頭，俺帶二小妹去風流，
　　　　來到風流地，妹來，買塊五彩綢。
　　　　三月桃梅三月三，俺帶二小妹下宿遷，
　　　　打上火車票，妹來，龍洋一塊三。
　　　　四月桃梅四月八，俺帶二小妹摘黃瓜，
　　　　黃瓜一包刺，妹來，頭頂一朵花。
　　　　五月桃梅五端陽，薑米粽子沾牙糖，
　　　　還有兩個鹹雞蛋，妹來，留你過端陽。
　　　　六月桃梅六月天，羅布褲褂燈草編，
　　　　匡影裁縫做，妹來，留你過熱天。
　　　　七月桃梅七月七，牛郎織女來見面，
　　　　妹來，撇下兩河西。
　　　　八月桃梅說十五，西瓜月餅共石榴，
　　　　還有兩吊錢，妹來，留你過春秋。
　　　　九月桃梅九重陽，伸手掀開紅羅帳，
　　　　一身官粉香，妹來，你怎麼這麼胖。
　　　　十月桃梅雪花飄，二小妹捎信要皮襖
　　　　伸手攬在懷，妹來，你怎麼這樣標！

　　類似的運用，還可見於〈十二月調情〉、〈四本〉、〈十二月探妹〉等熱戀情歌；及〈探妹〉、〈十二月男女對口歌〉等結交歌中，可見「唱春調」受有情人歡迎的程度，並不亞於五更調。

─────────────

〔註27〕　見《邳縣歌謠集成》，頁89。

四、娛樂用的唱春調

　　唱春調的原始功能，就是以娛樂時人、博討賞彩為演唱目的。在這個前提之下逐漸添入不同的題材，不但擴展了唱春調的使用範圍、也豐富了唱春調的內容。然而其原始的娛樂功能並未因而消失，仍然大量應用在各類具有娛樂性質的題材上。

　　在這個目的之下，無論是傳說故事歌、雜歌、工藝歌、乃至於社會世態歌……等歌類中，都可見到唱春調的身影。其中又以雜歌「千家贊」系列中的〈贊十二月〉最為經典，茲轉錄於下，以供想見遊春人唱春的風采與神韻〔註28〕：

> 正月裡來正月正，歷代君王坐北京：
> 賢東好比劉使君，後代子孫多昌榮。
> 二月裡來百花開，天官賜福送財來：
> 賢東你有王佐才，子子孫孫踏金階。
> 三月裡來是清明，粉壁牆上畫麒麟：
> 賢東好比那蘇秦，配掛六國丞相印。
> 四月裡來四月八，伏羲皇帝製八卦；
> 禹王治水河井下，神農他把五穀撒。
> 五月裡來是端陽，送子娘娘到高堂；
> 主東老闆多賢良，狀元送到貴府來。
> 六月裡來穀金黃，荷花鵝鴨滿池塘；
> 金銀財寶滿庫房，驟馬成群遍山崗。
> 七月裡來秋風涼，相公打馬下科場；
> 三篇文章做得好，定是新科狀元郎。
> 八月裡來是中秋，今年五穀好豐收，
> 恭喜主東好福壽，壽比鵬阻高一壽。
> 九月裡來是重陽，孟女許配范杞良。
> 焚書坑儒禮不當，孟姜哭倒萬里牆。
> 十月裡來小陽春，三氣周瑜是孔明；
> 築台作法借東風，火燒赤壁破曹兵。
> 冬月裡來天氣冷，身上衣單怎能行；

〔註28〕見《銅山縣歌謠集成》〈千家贊〉，頁319。

特向主東討包封，做身新衣回家中。

臘月到來迎新春，遠隔千里想親人；

再拜財東快打發，早日回程望親人。

　　再如蘇北地方膾炙人口的傳說故事歌〈孟姜女哭長城〉，則是將傳說故事中的孟姜女尋夫過程逐月唱出，表現出孟姜女的堅貞與對丈夫的深情，茲轉錄邳縣的版本於下〔註29〕：

正月裡來正月正，	家家戶戶點紅燈，
人家夫妻團圓聚，	孟姜女丈夫去修長城。
二月裡來暖洋洋，	雙雙燕子到南方，
燕子雙雙又成對，	孟姜女成單不成雙。
三月裡來是清明，	柳綠正當桃花紅，
人家祖墳飄白紙，	孟姜女家墳冷清清
四月裡來養蠶忙，	姑娘二人去採桑
竹籃掛在桑枝上，	一把眼淚一把桑
五月裡來是端陽，	大家小戶插秧忙，
人家都把黃秧插，	孟姜女田裡草成行
六月裡來熱難當，	蚊子飛出鬧嚷嚷
寧可咬奴千口血，	別咬長城萬喜良
七月裡來秋風涼，	家家戶戶做衣裳
人家都把新衣做，	孟姜女破衣穿身上
八月裡來雁門開，	孤雁腳下帶雙環
俺同姑娘一樣苦，	好好鴛鴦兩分開
九月裡來菊花香，	菊花造酒滿缸香
人家夫妻造酒飲，	孟姜女造酒無人嘗
十月裡來北風高，	路滑瑞雪空中飄
長城天氣好寒冷，	夫主無衣命難熬
十一月來雪花揚，	孟姜女出門送衣裳
哭倒長城八百里，	為見夫君萬喜良
十二月來過年忙，	家家戶戶宰豬羊
人家都把豬羊宰，	孟姜女守孝白滿堂

〔註29〕見《邳縣歌謠集成》，頁223。

　　還有一種具娛樂功能的唱春調，是用於進行手工藝創作時自娛娛人之用。在這種功用下的唱春調，同時兼具介紹工藝特色及自娛娛人的效用，包括有繡花燈、剪紙〔註30〕、及搖糖球〔註31〕等都居此列。由於已於前文（第伍章）中介紹，於此不再一一贅述。

　　在以娛樂爲訴求的十二月唱春調中最特殊的，應是新沂縣的〈十二月大閨女〔註32〕〉，藉由十二月令來唱出時下女子的時髦妝扮與心態，歌中不無譏諷嘲弄的意味，以下節錄一到五月以供參考：

> 正月裡來又到正月正，這庄上的大閨女時興愛文明。
>
> 細高挑，魚白褂，帶絲光的紅洋襪。
>
> 哎喲哎哎喲，耳兩旁又插上兩朵海棠花。
>
> 二月裡來又到龍抬頭，這庄上的大閨女時興愛自由。
>
> 細眉毛，額當中，八寶盤環響叮咚，
>
> 哎喲哎哎喲，腳穿紅繡鞋釘上兩把纓。
>
> 三月裡來又到三月三，這庄上的大閨女時興愛打扮。
>
> 擦官粉，點胭脂，綠絲褂子銀鑲邊，
>
> 哎喲哎哎喲，打一雙銀手鐲帶在兩手腕。
>
> 四月裡來又到四月八，這庄上的大閨女時興愛婆家。
>
> 恨公婆，不娶她，閨女長到十七八，
>
> 哎喲哎哎喲，狠狠心後花園活活吊死她！
>
> 五月裡來又到五月一，這庄上的大閨女時興愛穿衣。
>
> 華絲葛，畢嘰呢，眞青實藍紡緞絲，
>
> 哎喲哎哎喲，二百塊現大洋花在奴手裡。……

　　整體而言，唱春調由於歌調簡單易唱、長度又可視歌者所需調整，所以能提供較大的發揮空間；對於早期缺乏聲光娛樂的農業社會而言，唱春可說是一種很普遍的生活調劑。是爲唱春調的娛樂功能。

五、具教育意義的唱春調

　　唱春調也有教育上的功能，用以傳達蘇北地區的風土人情及生活哲理。

〔註30〕　見《邳縣歌謠集成》，頁5。
〔註31〕　見《連雲港市歌謠集成》，頁1120。
〔註32〕　見《新沂縣歌謠集成》，頁117。

　　以風土人情而言，唱春調藉由時序變化，反映出地方上的地景風貌依時更變的外觀、以及民間生活與時俱進的腳步。此類運用的範例，首推銅山縣的〈十二月小調〔註33〕〉：歌中藉由十二個月的變化，將農家生活的樸質之樂展露無遺：

正月裡，正月朔，新娶的媳婦拜公婆

大紅衫子綠袖口，八幅羅裙地下拖。

二月裡，二月朔，南來的燕子高疊窩

大梁飛到小梁上，二輪棒上疊成窩。

三月裡，三月朔，南國的牡丹紅似火

大姐盼著二姐來，採來採去少一朵。

四月裡，四月朔，家家小女餵蠶多

蠶老不打乾桑葉，活活累壞女嬌娥。

五月裡，五月朔，南湖的麥子正該割

快鐮割得唰唰響，鈍鐮割麥撒得多。

六月裡，六月朔，冷天沒有熱天多

俺給公婆搧涼扇，累得奴家汗如梭。

七月裡，七月朔，二八大姐撈菱角

青綢褲子高捲起，一對金蓮泥裡搓。

八月裡，八月朔，北湖的芝麻結了梭

梭裡梭外梭梭香，香氣陣陣透心窩。

九月裡，九月朔，九九豔陽登高坡

坡前坡後菊花黃，哥彈琴來妹唱歌。

十月裡，十月朔，十二舟船下南河

男站頭，女站尾，鴛鴦戲水蕩綠波。

十一月裡，十一月朔，仙鶴亮翅飛瑞雪

織布機上龍鳳舞，走滿乾坤一張梭。

十二月裡，十二月朔，一家老少把酒喝，

女喝三杯酩酊醉，男喝三杯笑呵呵。

　　至於睢寧縣的〈十二月講實話〔註34〕〉則以唱春調來分享出世間至理，

〔註33〕見《銅山縣歌謠集成》，頁304。

〔註34〕見《睢寧縣歌謠集成》，頁146。

聽來令人無可批駁卻又莞爾不已：

> 正月初一頭一天，過了初二到初三。
> 三個五天半個月，兩個大進六十天。
> 二月裡來二月八，爺倆趕集回去家。
> 爺倆走路老頭大，進了大門到了家。
> 三月裡來三月三，羅鍋騎驢不見天，
> 騎驢招了雷陣雨，後心濕來前心乾。
> 四月裡來四月八，新娶媳婦回娘家。
> 娘的大兒是她哥，哥的母親她叫媽。
> 五月裡來三麥黃，泥鰍沒有黃鱔長。
> 伸手摸根燒火棍，一頭熱來一頭涼。
> 六月裡來三伏天，土坯壘牆不如磚。
> 油條沒有麻花脆，病孩沒有好孩歡。
> 七月裡來立了秋，瞎子會算聾會讒。
> 禿子生來好戴帽，瘸子走路愛點頭。
> 八月裡來月兒圓，大糞沒有紅糖甜，
> 南北兩人見了面，北邊奮來南邊蠻。
> 九月裡來重陽節，家家做飯用鐵鍋，
> 說書首先敲大鼓，唱戲開場先打擺。
> 十月裡來立了冬，褂子不如袍擋風。
> 瞎子沒有睜眼好，哭的不如笑中聽。
> 十一月裡雪花飛，親不過丈夫好不過麥。
> 要問事情哪樣好，沒有結婚晚上得。
> 十二月裡整一年，吃餃子，吃湯圓，
> 吃鹹肉，多放鹽，飽吃一頓拉拉饞。

蘇北還有一種常見的唱春調，是以婦女懷孕過程爲題材所唱出的「十月懷胎」歌。這類歌謠配合婦女懷孕的過程逐月演唱，使世人理解婦女懷孕時的辛苦與常見的生理變化，具有衛生教育的重要功能。茲以邳縣的〈十月懷胎調〔註35〕〉爲例列舉於下：

〔註35〕 見《邳縣歌謠集成》，頁 204。

正月懷胎正月正，小奴不知情，奴好比浮萍草沒把根來生。

二月懷胎二月雪，小奴剛覺著，有毛娃在娘懷小臉剛發薄。

三月懷胎三月三，飯懶吃，茶懶餐，小爲奴紅羅帳裡才把心來安。

四月懷胎四月八，小奴把香插，求只求老菩薩送個男娃娃。

五月懷胎五月五，嘴乾舌又苦，奴想吃蒜麋子調個涼豆腐。

六月懷胎六月六，小奴洗衣服，有毛娃在娘懷不住打骨嚕。

七月懷胎七月半，小奴掐指算，有毛娃在娘懷沒過鬼門關。

八月懷胎八月八，小奴走娘家，清子去晚上來早去早還家。

九月懷胎九月九，小奴要出醜，有毛娃在娘懷胡亂打跟頭。

十月懷胎十月一，毛娃要落地，叫一聲婆母娘拾起抱懷裡。

也有的「十月懷胎歌」將婦女懷孕期間飲食習慣的改變一一整理，讓人了解孕程中不是婦女故意貪口挑嘴，實在是沒有胃口如常進食，以求旁人能夠體諒。如邳縣的〈小佳人鬧飯〔註36〕〉、新沂縣的〈十月懷胎〔註37〕〉等都是以此類題材唱出的歌謠。

歸納而言，十月懷胎調多應用於頌揚體恤婦女懷胎之苦，在蘇北地區時有所聞。如此廣爲流傳的原因，一方面固然與孕育下一代的行爲本身充滿著期待感與話題性，容易引人討論以外；另一方面，在個人衛教不發達的早期農業社會，藉由歌謠的傳唱教導懷孕婦女注意各階段的生理及心理變化，幫助婦女做好妊娠期間的心理準備，才是十月懷胎歌更重要教育功能。

值得一提的是，唱春調可資運用的彈性極高，還可以從所謂的〈十三月唱春〉中得到證實。由於我國舊曆法中時有閏月，所以唱春調也隨之因應而生出第十三疊的歌詞，如邳縣的雜歌〈十三月〉〔註38〕的最後一段就作「十三月，閏月年，老大王使手撦金錢，金錢使到高崗注，一使金錢落平川」；又如睢寧縣情歌中的〈思夫〉〔註39〕，也是在最後加入以下的內容：「十三月裡來（本是）閏月年，得團圓，二人並坐各敘難言。他說她的心腸好，她說他的好心田……」，這些變化都眞實反映出民間生活的實貌。

整體而言，「唱春調」的應用比五更調更爲廣泛、所傳唱的種類更爲豐

〔註36〕見《邳縣歌謠集成》，頁210。

〔註37〕見《新沂縣歌謠集成》，頁102。

〔註38〕見《邳縣歌謠集成》，頁216。

〔註39〕見《睢寧縣歌謠集成》，同註6，頁53。

富。這或許與唱春調本身具有可以同時融入季節的變化、地景風貌轉變、重要節慶的習俗……等各種題材，使歌者有信手撚來無一不可入歌的便利性有關。這些題材不但增加了歌謠的趣味性，更翔實的保留了舊時社會上庶民生活的點滴，對於反映社會、表現人生，存在著眞實且具體的貢獻。

第三節　四季相思調

承前所述，據朱自清的考證，四季歌調即爲古「子夜四時歌」的現代形式〔註 40〕。此調屬於小調，詞分春、夏、秋、冬四季逐疊吟詠；每季開場，或以氣候、或以景物變化起興並帶出主題。其常見的形式是每一疊皆以「*季裡來……」爲始，依四季遞嬗的時序來唱出主題。

在蘇北歌謠中，四季相思調的應用主要出現在情歌的思別歌中，用以發紓思念之情；此外在生活歌、時政歌中也可見其例，至於其表現的內容，仍以「記錄」、「訴情」、「訴苦」爲主。以睢寧縣的〈四季農忙〔註 41〕〉爲例，此歌正是四季相思調記錄農村四季生活的代表歌謠之一：

> 春季裡來春風吹，花開草長蝴蝶飛。
> 油綠的麥苗多好看，金黃的菜花眞正美。
> 夏季裡來農事忙，又割麥來又採桑。
> 露水溼褲早下地，晚上歸來戴月光。
> 秋季裡來穀上場，收了大豆收高粱。
> 渾身汗水不覺累，爲己辛苦爲己忙。
> 冬季裡來雪後晴，新做棉襖暖又輕。
> 一年的農活幹完了，居家老少笑盈盈。

情歌中的四季相思調，主要用於陳訴思別之苦；在蘇北各地的情歌中都可見到，如邳縣的〈四季歌〔註 42〕〉、〈盼郎歸〔註 43〕〉、睢寧的〈四季相思〔註 44〕〉、連雲港〈相思害得奴〉……等都是以四季相思調敷衍出來的思別歌。以邳縣的〈四季歌〔註 45〕〉爲例，唱出女子爲尋情人、隻身來到江南的

〔註 40〕前揭書，頁 121。
〔註 41〕見《睢寧縣歌謠集成》，頁 100。
〔註 42〕見《邳縣歌謠集成》，頁 107。
〔註 43〕見《邳縣歌謠集成》，頁 108。
〔註 44〕見《睢寧縣歌謠集成》，頁 62。
〔註 45〕見《邳縣歌謠集成》，頁 107。

徬徨：

> 春季來到綠滿窗，大姑娘窗下繡鴛鴦，
> 忽然一陣無情棒，打散鴛鴦各一方。
> 夏季到來柳絲長，大姑娘飄泊到長江
> 江南江北風光好，怎及青紗與高粱。
> 秋季到來菊花香，大姑娘夜夜夢家鄉
> 醒來不見爹娘面，只見床前明月光。
> 冬季到來雪茫茫，寒衣做好送情郎
> 血肉築成長城長，奴願做當年小孟姜。

又如連雲港區的〈四季望郎〔註46〕〉，則是女子思念登船打漁卻遲遲未歸的情人所詠唱的情歌，讓人感嘆女子對感情的癡心與執著：

> 春季裡來柳絲長，柳絲長長纏心上。
> 去年栽柳郎出海，長長柳絲拴不住郎。
> 夏季來到麥子黃，麥子黃黃憂心上。
> 去年收麥郎出海，黃黃麥子上不了場。
> 秋季到了雁南歸，衡陽一到即飛回。
> 去年雁來郎無信，「哥哥」雁叫傷心的淚。
> 冬季到來雪花飛，雪花飄飄肝腸碎。
> 去年雪降郎無信，飄飄雪花不見船桅。

除了陳述思別之苦，情歌中也有以四季相思調作為調情的體裁。如灌雲縣的〈四季相思〉就是一例。此歌唱的是熱戀中女子期待早日與情人得成眷屬的期待。這首〈四季相思〉格外不同的是，歌的首尾分別串入其他小調，中間夾以四季相思；可視為四季相思調的變形應用。全歌熱情洋溢、情氛甜美，謹轉錄於下以供參考：

> 初次會見情人的面，我愛我郎俊俏又溫柔。
> 又愛你的文才好，小奴一心把情留。
> 郎哎，小奴一心把情留。
> 春季裡來好春光，遍地花開撲鼻香。
> 春光美景奴不愛，一心想著奴的郎。
> 哎，一心想著奴的郎。

〔註46〕見《連雲港情歌集成》，頁 114。

夏季裡來熱難當，我去河邊洗衣裳。

眼望河裡對對鴛鴦鳥，我忘把衣裳水裡放。

郎哎，我忘把衣裳水裡放。

秋季裡來秋風爽，五穀豐登喜洋洋。

家家都飲豐收酒，奴想情郎無心嘗。

郎哎，奴想情郎無心嘗。

冬季裡來北風寒，家家都把棉衣添。

媽媽為我做件花棉襖，奴想情郎無心穿。

郎哎，小奴想你無心穿。

自從會見情人的面，四季相思情綿綿。

盼郎快把奴迎娶，挽住小郎奴心安。

郎哎，挽住小郎奴心安。

四季相思調在生活歌中的應用情況，主要以傳達民瘼為主。年復一年的貧苦生活，彷彿是苦力們難以擺脫的殘酷命運。訴苦歌中的四季歌，藉由四季變換，帶出苦力及社會底層人民的痛苦心聲〔註47〕：

春天到了，春荒實難捱。

連雲港去挑大煤，心中又發悲。……

開支幾塊錢，買包芭米粉，

帶到家中裡，小孩哭啼啼，

肚中飢餓有話對誰提。

好天兩頓飯，陰天一頓頭，

好歹窮將就，慢慢向前走。

如果不夠就去刨葷荻。

夏天到了，二麥黃又黃，

五月收上場，帳主鬧嚷嚷。

連本帶利今年又白替他忙。……

一家七八口，渾身精光光，

眼淚滴胸膛，仍然餓斷腸。

哪有五忙六月還喝稞子湯。

秋天到了，梧桐葉子黃，

〔註47〕見《連雲港市歌謠集成》，〈窮人嘆〉，頁1038。

窮人心發慌，棉衣無法想，

只等秋收才能有指望。……

秋豆長得好，山芋也不孬，

人人喜眉梢，秋收能吃飽。

忽然間一場秋水全部來淹掉！……

我窮人處處無奔頭，不如下滿州，

去把工人夠，老老小小拉著不給走。……

冬天到了，大雪頭上飄，

北風如鋼刀，窮人實難熬。

肚中飢餓身上無棉襖，

身上無棉襖，全家鋪一把亂稻草，

祖傳爛棉套，裡面麻袋套，

窮人的日子實難熬。

　　這樣的四季歌不只在謀生不易的連雲港傳唱，就連內地的徐州市也收錄有以四季歌為調式所唱出的〈四季苦〔註48〕〉，只是連雲港地區以四季相思調訴苦的歌謠較多，分別是連雲港歌謠中的〈一年四季犯焦愁〉、〈四季愁〉、〈四季不開花〉、〈四季吃食〉及〈窮人嘆〉等五首；這些歌謠的出現，凸顯早期社會貧富嚴重不均的狀態。

　　整體而言，四季相思調將生活中的季節變化與人生大小事件結合，歌謠的內容與生活緊密結合；不但達到了文學作品抒情達意的實用功效，也反映並記錄了蘇北社會中人民的真實樣態。

第四節　數字歌

　　所謂數字歌，是以數字串唱出的歌謠。這種數字歌的應用範圍極廣：包括儀式歌中的敬酒歌、歷史故事歌、童謠；甚至如生活歌中婦女用來規勸丈夫的〈十勸郎〉，皆是屬於數字歌的形式。數字歌的型式大多混合了數字的特色與次序，並以之貫穿原先所設定的主題，成為有趣又好記的歌謠。其應用範圍以娛樂及教育兩大類為主。包括婚儀歌中的〈十杯酒〉、〈十戳窗〉、〈撒帳歌〉等系列、傳說故事歌中的〈贊英雄〉、〈頌賢良〉系列、童蒙歌中的〈數字歌〉系列；生活歌中的〈怕字歌〉、〈勸夫歌〉……等，都是運用數字歌所

〔註48〕見《徐州市歌謠集成》，頁51。

唱出來的歌謠。本節中將就數字歌的功用，分娛樂及教育兩類介紹之。

一、娛樂用的數字歌

數字歌用於娛樂的項目較為多元，趣味性也較高，整體而言，數字歌作為娛樂之用的類別包括在遊戲歌、飲酒歌、及傳說故事歌等部分中。

娛樂用的數字歌中，數量最多的首推飲酒歌。這些在儀式歌中不可少的酒令，可使宴飲過程充滿歡樂的氣氛，其中應用於婚儀歌中的敬酒歌，請參考本文第肆章第三節〈儀式歌‧婚禮儀式歌〉中介紹。至於民間平日宴飲時，會唱「十杯酒」侑席者不多，主要仍是由走唱的遊春人穿梭酒樓餐館唱贊以為助興之用。茲列舉「千家贊」系列中的〈贊十杯酒〉為例以供參考：

> 昨日學堂求過身，學得幾句白話文：
> 今日拿到席前論，切莫說我理不順。
> 不信但看筵中酒，一杯先勸有錢人；
> 一杯酒來勸相知，面帶笑容把酒斟。
> 相逢不飲空歸去，洞口桃花也笑人。
> 二杯酒來滿滿斟，親不親來故鄉人。
> 只要席上客座滿，也就杯中酒不空；
> 三杯酒來不用愁，大海終需納細流。
> 酒有三杯通大道，果然一罪解千愁；
> 四杯酒來笑吟吟，不是親來便是朋。
> 親戚朋友坐一桌，酒席宴前好歡樂；
> 五杯酒來不辭瓶，富在深山有遠親。
> 不怕深山有猛虎，只要人窮志不窮；
> 六杯酒來不為多，一家之計在於和。
> 遇酒之時且飲酒，得高歌時且高歌。
> 七杯酒來不再聲，千世修來共枕眠；
> 將軍頭上走得馬，公使肚中撐得船。
> 八杯美酒到肚中，知人知面不知心；
> 記得年少騎竹馬，轉眼又是白頭翁。
> 九杯酒來不醉人，一年之計在於春；
> 人情似紙張張薄，世事如棋局局新。

　　十杯酒來不用辭，寧可人無得意時；

　　善惡到頭終有報，只爭來早與來遲。

　　十杯酒來讚完了，合成一個月月紅。

　　除了飲酒歌以外，娛樂歌也適用於自娛娛人的表演藝術裡。用數字串起歷史人物、傳說故事，正可滿足並娛樂了早期社會中百姓農閒時單調的生活。包括浪漫又精彩的愛情故事、忠孝節義的人物，都是可藉由數字歌發揮的好素材，如銅山縣〈頌賢良〉、睢寧縣〈數英雄〉、新沂縣的〈二十唱〉等，都是利用數字歌串起的歌謠。這些歌謠的走向大同小異，主要是以數字先後為序。或將數字嵌入人物的名字（二郎擔山趕太陽）中、或是比作人物年齡（十二劉秀走南陽）；也有將數字結合人物代稱（二十八星宿鬧坤陽）置入歌謠中的例子，總之千變萬化，形成豐富精彩且娛樂性高的歌謠〔註 49〕。茲以睢寧的〈數英雄〔註 50〕〉為例列舉於下：

　　　　一女賢良數孟姜，　　二郎擔山趕太陽

　　　　三人哭活紫金樹，　　四馬投唐小梁王；

　　　　五人曾把高關過，　　六郎鎮守把邊疆；

　　　　七擒孟獲諸葛亮，　　八仙過海鬧東洋。

　　　　九里山前說韓信，　　十面埋伏困霸王。

　　　　十一甘羅為宰相，　　十二劉秀走南陽。

　　　　十三太保李存孝，　　十四水手王彥章。

　　　　十五羅成奪帥印，　　十六金邊大山王。

　　　　十七大刀王鈞可，　　十八薛剛反大唐。

　　　　十九孫龐來鬥智，　　二十八宿鬧坤陽。

　　類似的歌謠在蘇北地區十分普遍，藉數字傳揚歌頌英雄出少年的豪情；最後又以二十八星宿為結，將一切的英雄表現歸諸於「將相無種唯天定」的宿命觀。這種觀點或許正與蘇北人重視巫覡之術及神話傳說的文化性格有著密不可分的關係。

　　最後一類用於娛樂作用的數字歌是童謠中的趣味數字歌。如連雲港地區的童謠〈大禿有病二禿慌〉，就是一首以數字歌為體裁的繞口令：

　　　　大禿有病二禿慌，三禿買米去熬湯。

〔註 49〕 請參見本文第伍章第三節〈歷史傳說歌〉。

〔註 50〕 見《睢寧縣歌謠集成》，頁 35。

四禿門前打一卦，五禿南廟去燒香。

六禿買塊板，七禿抬，八禿埋，

九禿在家哭乖乖，十禿在家看紙牌。

大腿一翹，二十來！

又如這首〈十姐打燈照〔註51〕〉，也是充滿童趣的兒歌：

一姐尖、二姐圓，

三姐採龍船，四姐打花傘。

五姐光光棍，六姐棍棍光。

七姐一身毛，八姐一身瘡。

九姐樹上叫，十姐打燈照。

歌中充份把數字與生活中的眾生相結合在一起，充滿了童真的趣味；又如「點一點二點黃三，黃三去家趕大山。騎著驢，打著傘，不多不少十六眼，份外又帶四個字，不多不少二十四」，也是以數字趣味為題材的有趣歌謠〔註52〕。

連雲港還有一首有趣的數字童謠〈十怕〔註53〕〉，在建立數列觀念的同時，更以諧音字帶出生活哲理，逗趣之餘也引人深思：

子怕一，

妻怕二，

老牛怕三、

肉頭怕事（四），

吊死鬼怕梧（五），

當龜怕綠（六），

小賊怕緝（七），

破草鞋怕拔（八），

筋骨痛怕灸（九），

疤瘡怕溼（十）。

二、具教育意義的數字歌

「數字歌」在社會教育的功能上也有一定的功效。無論是基於數字的字型聯想，以達成識字目的；或是順著數字的次第唱出種種社會道德規範的條

〔註51〕 見《海州童謠》，頁120。
〔註52〕 見《海州童謠》〈黃三〉，頁189。
〔註53〕 見《海州童謠》，頁160。

目，數字歌簡明易記的特質都能輕鬆地讓人過耳難忘，達到預期的教化及傳播效果。

　　以字型為聯想主題的數字歌，在述說傳說故事的同時，也凸顯了數字的外型，使人印象深刻。例如這首邳縣的〈十個字〉〔註54〕：

　　　　一個字來一條街，紅娘趕考女裙釵……
　　　　二個字來二條龍，二郎擔山趕神童……
　　　　三個字來三彌陀，唐王困在淤泥河……
　　　　四個字來四龍門，提起包黑嚇死人……
　　　　五個字來五張弓，薛禮打馬去征東……
　　　　六個字來六排撬，二爺拉馬扛大刀……
　　　　七個字來滿天星，取經還是老唐僧……
　　　　八個字來八張牌，八位神仙過海來……
　　　　九個字，九道口，二爺拉馬串遊走……
　　　　十個字來十桿槍，石人石馬石丞相，
　　　　誰能學會十個字，叫他南學念文章。

又如這首〈繡十字〔註55〕〉：

　　　　繡個一字一道河，一雙睢鳩逐綠波，
　　　　一家之春書聲朗，一字千金巧斟酌。
　　　　繡個二字兩相惜，二京東西兩分著，
　　　　二桃曾經殺三士，廉頗相如幹功業。
　　　　繡個三字三支箭，三國鼎立互逐角……
　　　　繡個四字成四大，四喜齊來福壽多……
　　　　繡個五字飛五彩，五嶽奇峰各相別……
　　　　繡個六字分四部，六藝之書任君閱……
　　　　繡個七字蹺著腿，七雄爭霸互宰割……
　　　　繡個八字兩邊站，八王保本上金閣……
　　　　繡個九字今鉤掛，九女思凡離天河……
　　　　橫豎相交繡成十，十德君子為人師……

及〈翻十字〔註56〕〉：

〔註54〕見《邳縣歌謠集成》，頁215。
〔註55〕見《邳縣歌謠集成》，頁226。
〔註56〕見《邳縣歌謠集成》，頁228。

寫個一字一橫長，二字雙雙兩架梁

三字豎起川字樣，寫個四字四方方

五字盤腿家中坐，六字三點一橫長

七字左腿翹著腿，八字鵝眉兩分張

九字彎彎龍擺尾，十字橫擔一架梁……

這些都是有著異曲同工之妙的數字歌。

這種以字型爲主題的數字歌展現出豐富的想像力，令人讀來趣味十足，也因此引起聽者的興趣，達到識字的目的。更有趣的是，如果歌者興致高昂、有心要一展機智長才，大可再從一唱到十，如此翻來覆去一兩回，每次都用不同的典故引出數字、或用不同的方式來形容字形，是非常有趣的文字遊戲，也可以一而再、再而三的加強聽眾對文字的印象。

歌謠的教育功能中，還有一類是以生活中的道德規範爲主題所傳唱的歌謠。以數字歌爲例，如〈十勸夫〉、〈十勸郎〉等，都是女子依數字的次第，一一唱出對男子的規勸及關心。茲以這首邳縣的〈十勸郎﹝註57﹞〉爲例節錄於下：

一勸我郎要小心，甭把小妹掛在心

勸郎甭把小妹想，想來想去病纏身……

二勸我郎厭脂粉，與早與晚躲開人，……

三勸我郎笑嘻嘻，趁著年輕快娶妻，……

四勸我郎莫打牌，賭博場上少要來，……

五勸我郎莫當兵，當兵之人好苦情，……

六勸我郎三伏天，我郎莫要吃大煙，……

七勸我郎七格方，勸郎下田去插秧，……

八勸我郎八不該，不該留在炮車街，……

九勸我郎九重陽，炮車又來花姑娘。……

十勸我郎勸得多，哪有乾妹勸乾哥？……

類似的勸夫歌在蘇北各地都可見到，可見農業社會中，無法獨立生存的女子，把對倚託終身者的殷殷企盼轉爲諄諄誘勸之歌，印證了《孟子》中所言：「良人者，所仰望而終生也﹝註58﹞」的無奈，也反映出舊時代女子無法自主的悲哀。

﹝註57﹞ 見《邳縣歌謠集成》，頁177。

﹝註58﹞ 見《孟子·離婁下》，http://www.chineseclassic.com/13jing/montzu/ch08_4.htm。

　　童謠中數字歌大多出現在的童蒙歌中。這些數字童蒙歌藉由數字，爲兒童建立數列的概念及對數字的印象，如連雲港的〈數數歌〔註59〕〉：「一去二三里，村頭四五家；茅屋六七間，八九十個娃」；又如徐州市的〈百數歌〔註60〕〉：「一二三、三二一，一二三四五六七，七加八，八加七，九個十個加十一」等，都是好記又有趣的數字歌。

　　綜合上述可知，數字歌在蘇北地區是一種普遍又易於傳唱的歌謠形式；無論其功用是教育或是娛樂，都能輕易的達成傳唱目的，提供歌者條理清楚且收放自如的創作形式。

第五節　對　歌

　　蘇北歌謠中所出現的對歌數量雖然不多，但是每一種歌謠類別中的對歌，都具有獨到韻致。無論是時政歌中的〈賣水餃〉、儀式歌中的「叫好歌」；情歌中的〈八幫舟船〉、〈姐兒房中悶沉沉〉、〈嘆十聲〉；雜歌中的〈小放牛〉、〈小兩口爭燈〉、〈花船對歌〉；生活歌中的〈勸郎戒賭〉；遊戲歌中的〈挑人歌〉、〈要小巴狗兒〉……等，都是運用對歌的型式所唱出的歌謠。這些歌謠有的以徒歌方式進行；有些則具有戲劇性質。有的兩者互歌；有的則是歌白交替。除已於前述諸章中介紹的作品之外〔註61〕，以下將就時政歌、情歌及生活歌中以對歌型式進行的歌謠介紹。

一、時政歌中的對歌

　　蘇北地方的時政歌中，有兩類以對歌方式傳唱的歌謠：〈賣餃子〉〔註62〕及〈王三姐賣鞋〉。這兩首歌謠的形成背景都正當於抗日時期，歌謠內容是以男女對唱的方式，進行一場鞋子或餃子的買賣。

〔註59〕見《海州童謠》，頁235
〔註60〕見《徐州市歌謠集成》，頁349。
〔註61〕如儀式歌中的〈叫好歌〉（見第肆章第三節「儀式歌」中婚儀歌謠之〈傳席/傳袋歌〉）；情歌中的〈八幫舟船〉（「贊慕歌」）、〈姐兒房中悶沉沉〉（「抗婚歌」）；雜歌中的〈小放牛〉、〈小兩口爭燈〉、及〈花船對歌〉（「傳說軼事歌」）；遊戲歌中的〈挑人歌〉、〈要小巴狗兒〉（「遊戲歌」）等，都是已介紹過、以對歌爲形式的歌謠。
〔註62〕此歌可見於以下地方文獻中：銅山縣〈賣餃子〉、邳縣〈賣餃子〉、連雲港〈賣水餃〉。

　　先敘〈賣餃子〉。據《邳縣歌謠集成》中的註記〔註63〕，這首歌是抗戰時期流傳於蘇北魯南的歌謠，表演形式有時是一男一女；有時就一人自問自唱來進行對歌。演唱時佐以蘇北民歌的曲調，內容則頗有「秋胡戲妻」的風格。

　　歌謠主要內容講述女主角才剛新婚，丈夫就應召入伍；一去多時未曾回鄉；女子不得已出外賣餃子以維持家計。某日八路軍人光顧小攤，一開始軍人還有意調戲女子；後來兩人應對之下才得知對方正是彼此的配偶，演出一場「餃子舖前識賢妻」的橋段。女子嬌嗔之後，親手捧上剛起鍋的餃子給丈夫，鼓勵丈夫吃了餃子後上戰場殺敵報國，並告訴丈夫自己會繼續努力持家，耐心等待丈夫凱旋回鄉、全家團圓的那一天到來。

　　〈賣餃子〉歌中，男子多以口白問話；女子則以歌回答。歌謠長度依各地敷衍對話的情況不同而長短不一；使用的歌調也因地而異。以銅山縣為例，〈賣餃子〉一歌是用〈姐兒房中悶沉沉〉的小調歌之。茲節錄銅山縣的〈賣餃子〔註64〕〉部分段落及歌調簡譜如下：

‖:6 5 6 5 | 6 1̇ · 3 5 | 3 · 5 6 1̇ 5 3 2 | 2 3 2 6 1 | 3̇ · 2 1 2 3 2 5 3 | 2 3 2 6 1 :‖

也不住東來也不　住西，住　在北關 城外邊 坐東門朝西。依　得呀得喂得喂　坐東門朝西

　　男：喲，大姐說話弄好，家住哪裡？

　　女：也不住東來也不住西，

　　　　住在北關城外邊，坐東門朝西。

　　　　依得呀得喂得喂，坐東門朝西。

　　男：喲，大姐，家裡幾口人？

　　女：也有公來也有婆，

　　　　還有三姐倆妹妹。連我八口人，

　　　　依得呀得喂得喂，連我八口人。

　　男：喲，大姐，怎麼沒提您男人丈夫的？

　　女：不提我丈夫不是不惱人哪，

　　　　提起了丈夫惱死人，他當了蔣匪軍。

　　　　依得呀得喂得喂，他當了蔣匪軍。

　　男：喲，大姐，跟誰幹的？

〔註63〕見《邳縣歌謠集成》集，頁40。

〔註64〕見《銅山縣歌謠集成》，頁44～48。

女：頭來跟著馬是馬團長哪啊，

　　過後又幹八路軍。眞是喜死人。

　　依得呀得喂得喂，眞是喜死人。

……

男：喲，大姐，你看我怎樣？

女：我看你口齊心呀心不齊哪啊，

　　就怕抗戰不到底，叫奴白等你。

　　依得呀得喂得喂，叫奴白等你。

男：妹啦，我就是您未過門的小女婿，我一定抗戰到底！

女：你要抗戰抗到底，

　　在家等你一輩，謝天又謝地。

　　依得呀得喂得喂，謝天又謝地。

　　邳縣的〈賣餃子〉顯然就比銅山縣的〈賣餃子〉戲劇化多了：歌中先交代了兩人見面不相識的原因：

　　頭天晚上拜天地，第二天一早就出了門。

　　黑咕隆咚未見面，他的模樣印在心。

　　……貼身穿奴做的小背心。……

　　等到男子問道：「二嫂，你看我是誰（脫外衣，露出繡花小背心）」，王李氏仔細一看，發現眞的是丈夫時，忍不住罵道：

　　李大吉，李大吉，

　　你頭髮梢長瘡的壞東西！

　　想著你，盼著你，時刻把你掛心裡。

　　……

　　見面三載第一面，見面你就將俺戲！

　　回家告訴爹和娘，治你向俺陪不是。

此時男子趕緊唱明原委：

　　熄熄火，別生氣，聽我給你說仔細。

　　昨天打進邳城裡，據點撥了十五個，

　　打死鬼子九百七。

　　連長給俺一天假，叫俺回家看看你。

　　結婚三載未見面，哪知道——

餃子舖前認賢妻。……

這是一首表面輕快、內容卻令人感到心酸、偏偏又真實反映時代的歌謠。才剛新婚的夫妻，基於國仇家恨，必須放下兒女私情上戰場去；等到再次相見，已是三年之後。這種「死生契闊、與子成說」的情感，至今仍迴盪在許多飽經戰亂甚至因而分離的夫妻心底：多少人終其一生仍不得配偶音訊；又有多少人再度重逢時，面對的是人事全非的難堪。時代的悲劇造就了多元的歌謠，卻也唱出多數大時代兒女無可言喻的悲哀。

同樣的素材在連雲港，傳達出的又是另一番截然不同的風貌。連雲港市的歌謠〈賣水餃〉中，男子趁著買餃子的機會向女子搭訕，問遍了女子家中的住房擺設及內室位置之後，終於竟不懷好意地露出馬腳、試圖調戲女子：

　　男白：大嫂子！你跟誰睡的？

　　女：頭番跟的是王呀嘛王大娘呀，

　　二番又跟小姑睡，二人來倒腿。

　　依呀嘛呀得外得外〔註65〕二人來倒腿。

　　男白：大嫂子，今晚我跟你睡吧？

沒想到女子的面對如此無恥之徒，絲毫不慌張，反而氣定神閒地唱道：

　　你家倒有姐呀麼姐和妹，

　　拉上一個拜天地，二人同床睡。

　　依呀嘛呀得外得外那樣多如意。

歌中的諷刺令人難堪，讓男子忍不住大叫：「大嫂子！你怎麼罵人的！」沒想到這一頭女子也毫不示弱地反嗆著：

　　說俺罵你俺正是罵的你呀，

　　罵你不是個好東西滾你媽那個*呀，

　　罵你不是個好東西滾你媽那個*呀！

歌謠的結尾雖然粗鄙不文，但是內容卻呈現另一種故事發展與走向，表現出蘇北女子強悍不任人欺凌的性格，令人在莞爾之餘，也不禁為女子的真性情鼓掌叫好！

二、情歌中的對歌

蘇情歌中的對歌，有〈八幫舟船〉系列及〈姐兒房中悶沉沉〉系列、以

〔註65〕襯字，同「伊呀麼得喂得喂」

及〈嘆十聲〉系列。其中〈八幫舟船〉及〈姐兒房中悶沉沉〉等歌類，在本文第伍章第一節情歌類之「贊慕歌」及「抗婚歌」中已有介紹，此處不再贅述；此處將針對〈嘆十聲〉系列對歌加以介紹。

就內容觀之，〈嘆十聲〉雖多被歸於情歌，然仔細斟酌其內容可知，此歌實爲妓女與恩客之間打情罵俏、博取恩寵的歌謠：男女雙方彼此扣緊對方前一段所唱的內容，作爲下一段發揮的方向，相互輪唱之際，藉歌詞表現出露水夫妻間的依戀與情意。全歌說有意卻無情，在你來我往的山盟海誓與罰咒告白中，更顯出這一切不過是一場虛情假意的場面話。

此歌在邳縣、連雲港地區皆可見，皆名之爲〈嘆十聲〉，茲節錄其中片段於下以供參考：

> ……
> 手扶欄杆嘆三聲，昨夜晚有人來叫門。
> 有心去把門來開放，又恐外人試探奴的心。
> 乾哥哥，下一次再來表表奴的花名。
> 手扶欄杆可嘆四聲，昨夜晚上是我來叫門。
> 有心叫你把門來開放，忽聽樓上有個男子聲。
> 乾妹妹，我一肚子冷氣返回家門。
> 手扶欄杆嘆五聲，乾哥哥說話理呀理不通。
> 你聽見上房有人說話，你就該一腳踹開小奴的門。
> 乾哥哥，紅綾帳裡你來捉奸人，捉到奸人小奴陪罪。
> 捉不到奸人表表小奴的心。
> 手扶欄杆可嘆六聲，乾妹說話理呀理難通。
> 我一不是銀錢將你買，二不是爹娘作主配成婚。
> 乾妹妹，露水夫妻何必太認眞？
> ……

這首對歌內容雖屬風月場中的應酬之語，但是對歌的形式明確；兩者往來酬對的內容亦切合對歌的特色，足以反應出蘇北對歌的多元化應用範圍。

三、生活歌中的對歌

生活歌中的對歌，當以連雲港市所收錄的〈勸郎戒賭〉爲代表。此歌內容已於本文第伍章第二節之「勸世歌」中有所介紹，於此不再贅述；只針對

其對歌的型式補充說明。

此歌以〈蓮花落〉歌調唱出，由夫妻兩人以一人一疊的型式輪流對歌，其內容層層緊扣，唱出妻子一再央求丈夫戒除大煙癮、但丈夫拒絕的過程，以對歌的型式唱來，更顯得上癮者的執迷不悟及妻子的苦口婆心以至於絕望。茲節錄部分段落於下以供參考：

> ……
>
> 妻：
>
> 吃大煙不算人，敗血脈耗精神，
>
> 面黃肌瘦沒人樣，
>
> 三朵金錢花、一朵梅子花，
>
> 好似病得丟了魂。
>
> 夫：
>
> 小娘子聽其詳，我吃大煙比人強。
>
> 頓飯海參煨鴨子，有滋有又何妨。
>
> 妻：
>
> 買東西，得要錢，有錢都能樣樣全。
>
> 家裡缺少搖錢樹，
>
> 三朵金錢花、一朵梅子花，
>
> 再想滋補難上難。
>
> 夫：
>
> 沒有錢不妨事，我托中人去賣地。
>
> 賣田土割煙土，用急哪管賤和貴。
>
> 妻：
>
> 田土少不撐賣，賣上一塊少一塊。
>
> 拿著什麼去謀生，
>
> 三朵金錢花、一朵梅子花，
>
> 拿著什麼去謀生，
>
> 夫：
>
> 地賣了土他退，還剩宅子一小份。
>
> 只要沒錢使，我再托中人寫賣契。
>
> ……

如此一來一往，妻子想盡理由阻撓丈夫吃大煙、丈夫則用盡心思要拐賣家業；以對歌的方式表現出雙方的拉鋸。最後妻子以死相逼，才嚇得丈夫放下妄念，決意戒煙。這種內容以對歌方式表現，正足以將情節一層層帶往高潮，使最後妻子無路可退、亟欲自盡的心境顯得合情合理。如果以其他型式表現，恐怕不見得能這麼精彩。

　　蘇北以對歌型式呈現的歌謠，具有引發懸念、帶動情節的效果與特色。無論是問答歌中的對歌、或是以對歌型式所展現的情節對話，雙方間你來我往的應對內容往往出人意表；也因此滿足了觀眾的好奇與想像。這些精彩的對歌本身就帶有戲劇表演的性質，因此同時也充滿了娛樂性；足為歌謠本身憑添不少的趣味性與話題。

第六節　號　子

　　號子，屬於勞動歌謠中以型式著稱的種類。〈呂氏春秋‧淫辭〉：「今舉大木者，前呼輿謣，後亦應之，此其於舉大木者善矣〔註66〕」可謂是對號子的產生及作用最早的說明。號子作為歌謠的眾多型式之一，其功能性意義大大高出於藝術表現：主要的作用在於協調工作時動作的實用功能。由是之故，號子本身在節奏上，與勞動時的節奏具有高度的一致性，同時具有鮮明的律動〔註67〕。觀察蘇北地方現今所可見到的號子，的確符合以上特點，本文因此將蘇北歌謠中可見的八首號子〔註68〕由勞動歌中挑出、別輯於本節集中說明。

一、夯　歌

　　如依蘇北可見號子的工作性質及內容，可歸納出工程號子（打夯號子）、農事號子、打漁號子以及挑擔號子。其中以打夯號子較常見，包括銅山縣的〈微山湖夯歌1〉、〈微山湖夯歌2〔註69〕〉；東海縣〈夯房基〔註70〕〉，以及睢

〔註66〕見《呂氏春秋》，http://ctext.org/lv-shi-chun-qiu/yin-ci/zh
〔註67〕相關定義及說明，可參見周耘著《中國傳統民歌藝術》，頁85～106。
〔註68〕分別是銅山縣的〈微山湖夯歌1〉、〈微山湖夯歌2〉；連雲港市〈漁民號子〉、〈背鹽號子〉；東海縣〈夯房基〉、〈打完場再來耕地〉、〈銅騾子壓前碾〉；睢寧縣〈夯歌〉。
〔註69〕見《銅山縣歌謠集成》，頁1～3。

寧縣〈夯歌〔註71〕〉

夯歌是工程號子中最原始也是主要的表現方式，可以打夯的行爲論之，其本身具有以下特色：1. 打夯爲集體性的活動；2. 打夯動作本身具有強烈的齊一性與規律性；3. 打夯在時間上具有持久性。因此打夯時常常伴隨著打夯號子出現。

蘇北的夯歌在內容上與勞動者的工作及生活密不可分。一般而言，夯歌的內容不外乎兩類主題，其一是反映著工作及生活的內容與對未來的期待；其二是自由抒唱，不拘天文地理、歷史傳說，皆可入歌。只要節拍單純、節奏簡單清晰的夯歌，都可以做爲打夯時的勞動歌謠〔註72〕。

以蘇北歌謠中的四首夯歌爲例，其中內容正符合上述分類：銅山縣的〈微山湖夯歌 1〉、〈微山湖夯歌 2〉；東海縣〈夯房基〉，表現出對未來美好生活的期待；如〈微山湖夯歌 1〉，先敘微山湖對民眾生活的貢獻及重要性：

　　　　微山湖是個好地方喲！夯啊！

　　　　一湖大水明又亮啊！夯啊！

　　　　金絲鯉魚肥又香喲！夯啊！

　　　　白蓮藕瓜脆又甜喲！夯啊！⋯⋯

次敘湖水氾濫成災，但是官員無能、地主侵剝，造成民不聊生：

　　　　風攆浪頭水撒歡喲！夯啊！

　　　　淹了庄田漫了庵喲！夯啊！

　　　　扶老攜幼肩背瓢喲！夯啊！

　　　　異鄉漂流淚漣漣喲！夯啊！⋯⋯

　　　　當官的都是喝血蟲喲！夯啊！

　　　　財主摟住太太吸大煙喲！夯啊！⋯⋯

最後強調百姓要靠自己的力量築成大堤，才會有美好的生活：

　　　　⋯⋯

　　　　操他娘，不求神喲！夯啊！

　　　　奶奶日，不靠天喲！夯啊！

　　　　老少爺們齊加油喲！夯啊！

〔註70〕見《連雲港市歌謠集成》，頁 918。
〔註71〕見《睢寧縣歌謠集成》，頁 7。
〔註72〕相關夯歌特質分析，參見葛寶貴著〈青海地區勞動夯歌述略〉，《青海教育》，（西寧：青海師專學報，2005 年 6 期），頁 37～38。

　　　　推倒閻王咱當家喲！夯啊！……

　　　　嚇得龍王乾瞪眼喲！夯啊！

全歌強調出「人定勝天」的氣勢；同樣強調這種氣勢的，還有〈微山湖夯歌2〉，一樣大聲唱出「治水勁高大禹王喲，夯啊！愚公鐵心能移山喲，夯啊！」令人感動於民間樸拙眞誠的信念與心意。

　　東海縣的〈夯房基〉是藉由一領眾和的夯歌，以起、順、頌、歇等步驟，帶領眾人夯過一輪又一輪的房基。蘇北視蓋屋爲人生大事，據〈海州民俗志·壘牆壯喜〔註73〕〉條目下說明道：「牆基又稱『盞腳』，墊牆基俗稱『打盞』，是用打賣場用的碌磙用粗壯的繩子繫牢，由十來個人抬著碌磙子沿著牆基線砸實，俗叫『打夯』、『打硪』，把盞腳下在經打硪的實土上。民間建房，均以石頭爲盞腳，下盞腳時要放鞭炮『壯喜』。在盞腳上壘牆……」可見夯房基是件大喜事，於是在夯歌裡，以數字歌的方式唱出從一到十的彩話，祈祝著日後的平安富貴，也就不令人意外了。以下選錄這段表現在頌夯中的喜話以供參考：

　　　　領：一朝出天子來！眾：嗬——嘿！

　　　　領：二起兩條龍來！眾：嗬——嘿！

　　　　領：三星福祿壽來！眾：嗬——嘿！

　　　　領：四四如意來來！眾：嗬——嘿！

　　　　領：五起五登科來！眾：嗬——嘿！

　　　　領：六六大順起來！眾：嗬——嘿！

　　　　領：七子來團圓來！眾：嗬——嘿！

　　　　領：八起文王過來！眾：嗬——嘿！

　　　　領：九起尚父臨來！眾：嗬——嘿！

　　　　領：十起夯四角來！眾：嗬——嘿！

　　　　領：先概高堂屋來！眾：嗬——嘿！

　　　　領：再蓋兩廂房來！眾：嗬——嘿！

　　　　領：壽比南山高來！眾：嗬——嘿！

　　　　領：福如東海水來！眾：嗬——嘿！

　　　　領：金玉撲滿面來！眾：嗬——嘿！

　　　　領：子孫又滿堂來！眾：嗬——嘿！……

〔註73〕見劉兆元著《海州民俗志》，頁280。

　　睢寧縣〈夯歌〉則藉著夯土的動作，以一領眾和的方式娓娓唱出薛平貴家族保衛大唐的傳說故事，具有豐富的故事性及娛樂性，提供眾人欣賞解乏的趣味，也因此忘卻工作的辛勞、進一步帶來愉悅的感受〔註74〕；全歌共長達二百二十四句，茲節錄如下：：

> 夜到五更（嗨呀伊嗨呀）
> 天色亮，（嗨呀伊嗨呀）
> 萬歲差兵（嗨呀伊嗨呀）
> 傳命令。（嗨呀伊嗨呀）
> 文武群臣（嗨呀伊嗨呀）
> 全上殿，（嗨呀伊嗨呀），
> 驚動軍師（嗨呀伊嗨呀）
> 徐茂公。（嗨呀伊嗨呀）
> 我主萬歲（嗨呀伊嗨呀）
> 今早朝，（嗨呀伊嗨呀）
> 莫非朝中（嗨呀伊嗨呀）
> 有事情？（嗨呀伊嗨呀）……

二、漁業號子

　　據〈海州民俗志‧號子彩話〉條目下，藉由蘇北俗諺說明蘇北漁業與號子之間密切的關係：「船是三塊板，動身就要喊」；甚至更進一步說明了漁業工作使用號子的時機：「……起篷、提錨、撥彈、點水，從一起步直到取於地點拋錨、打樁、吊貨，每一個動作都要打號子」。更重要的是，漁號的功能「不僅能提神合力，而且是一種歡樂的歌聲與喜慶的彩話，……用彩話來號令行動」〔註75〕。因此在以漁業為主要營生的連雲港地區，可以得到各種不同時機所使用的號子，如打樁〔註76〕時所唱的打樁號子：

> 領：大網張張口，就有豆腐酒。
> 眾：

〔註74〕此處屬於歌謠的抒情審美功能，相關功用可參見《中國傳統民歌藝術》，頁88。
〔註75〕見《海州民俗志》，頁411。
〔註76〕在海床上選定一處作為定點下錨後，由眾人合力打下樁子以便張網、收網取漁，是為打樁。打樁用的石榔頭又稱為「斗」，打樁用的斗要由七八個人扶著打，可見其重量。因此格外需要號子以齊一眾人的動作。

打得好，張〔註77〕得好。打得深，張萬斤。

大斗打，小斗搖；這塊地，出金苗。

這塊泥，是好泥；打好戶〔註78〕，張蝦皮。

這塊沙，是好沙；打好戶，張對蝦。

舉得高，張旺鮹；高起斗，家家有。

出斗攢，張十萬。齊出勁，都高興〔註79〕。

類似的號子亦可見於《連雲港市歌謠集成》中，可見打椿號子在當地相當普遍見〔註80〕。號子本身節奏鮮明、三言句式讓語氣短促有力，都是資以提振士氣並齊一動作的重要原因。

張下網後，就可起網收魚；起網時全體動手，同樣也大聲以彩話作爲號子：

攔勁拉，大把掐〔註81〕。掐得准，上得穩。

朝艙倒，個個笑，裝滿載，大發財。

發大財，家家好〔註82〕。

這些彩話號子結構簡潔、語意明快，一方面能激勵人心、一方面也能作爲工作時的動作指標，除了反映出與天地搏命的漁民們重視彩頭的程度；也彰顯出蘇北漁民們工作時力不後人的氣勢與勇氣。

三、其他號子

蘇北還有農業號子與挑擔號子。農業號子是農民在打場與磨麵時所用的吆牛、吆驢號子；挑擔號子則是挑夫背鹽時，由領班所領唱的號子。

農業號子的內容有一個共同的特色：由於工作內容是農民驅使牲畜協力勞作，所以在號子裡農人一方面激勵著自己按步就班、埋首工作；一方面模倣著牲畜的鳴叫聲、或以驅策聲爲之加油打氣，充份展現出人與牲畜之間親密溫暖的伙伴關係，令人動容。茲轉錄兩首農事號子於下以供參考：

（吆牛號子）

〔註77〕「打網」方言稱爲「張網」。

〔註78〕椿又稱「戶」。有的歌謠中作「戽」。

〔註79〕見《海州民俗志》，頁412。

〔註80〕見《連雲港市歌謠集成》，頁911。

〔註81〕掐，收獲。大把掐，指「捕到大魚」。

〔註82〕見《海州民俗志》，頁412。

嚓嚓嚓牛牛來哎，（啊——噢）！

鞭子一甩牛牛來哎，（啊——噢）！

大熱的天來哎，（啊——噢）！

打麥場來哎，（啊——噢）！

打完場再來耕地來哎，（啊——噢）！

大碡挨著小碡子打啦，（啊——噢）！

一遍一擢早打光！（啊——噢）！

犍牛拉碡不丟鬆！（啊——噢）！

（吆驢號子）

鋼驢子壓前碡，（得兒駕）！

白龍馬來在二行，（得兒——駕）！

鐵打驢鬼排在三，（得兒——駕）！

緊緊壓碡不丟鬆，（得兒——駕）！

再累你也要快使把勁，（得兒——駕）！

打出麥子來，（得兒——駕）！

磨好麵我來吃，（得兒——駕）！

磨出的麥麩你來吃。（得兒——駕）！

〈挑擔號子〉則是由背鹽包的挑夫所唱。號子由領班以一領眾和的多句複合結構〔註83〕組成，內容以打趣自己的窮困、業主的苛刻及行業的低賤為主，幽默中帶有辛酸，令聞者搖頭苦笑：

領：可嘆啦嗨，合：真可嘆啦！

領：背鹽包的，合：窮光蛋啦！

領：肚裡餓的，合：腿打顫啦！

領：霉灶糧呀，合：發不全啦！

領：吃盡苦呀，合：不掙錢啦！

領：背鹽哥嘎，合：鹽鹵蛋囉！

蘇北的號子數量雖不多，但每一首都具有相當的代表性及特殊意義，在欣賞其中不同的風格及作用之餘，也讓人見識到蘇北百姓辛冽嗆辣的言語特色及豪邁不羈的性格特質。

〔註83〕指號子中領唱與眾人所唱的句子，具對話性質的應和內容，而非單純以呼喊聲為和。

第七節　賦　歌

　　蘇北地方的故事長歌，皆以賦歌型式唱就。晉摯虞〈文章流別論〉：「賦者，敷陳之稱也。〔註84〕」意指「賦」這種體裁具有舖陳而直言其事的特質。以此特質入歌，所形成的歌謠，稱之為「賦歌」。

　　蘇北的歌謠中，多有以賦歌的型式創作。無論是傳說故事歌中短篇如〈茱園大戰〉、〈百花爭鬥〉、中篇如〈水漫金山〉、〈百蟲弔孝〉、〈王剛畫畫〉、〈袁小拖笆〉；乃至於長篇如〈胡打算〉；以及雜歌中的〈自在人〉、〈小黑驢〉……等，其體裁皆可歸之為賦歌。

　　這些賦歌體裁的歌謠之所以出現，應與蘇北地區多季農暇生活有關。據《海州民俗志》所言，蘇北地區在冬季農閒時，牛隻要進屋避寒，農人會在牛屋中以乾牛糞燃死火（無燄之火）以為牛取暖。由於死火晝夜不熄，因此牛屋也會成為「少衣窮人」相聚的地方。人們聚集在牛屋時，或請人唱小辭書、或請耆老講古，是多季無所事事時取樂捉趣的重要方式〔註85〕。講古的內容五花八門；至於唱小辭書多有文本，形式類似於都市中的說書。也有許多有唱詞的版本書，由村人共請村中的識字者為眾人高聲讀唱，通常這些活動如果日間未完、會在夜間接唱。晚間唱書只要參與者湊兌燈油即可，不需要其他費用，是一項老少咸宜的活動。蘇北賦歌應即於此形式下產生，成為蘇北歌謠中的一種特有型式〔註86〕。

　　蘇北賦歌的句式整齊，多以七言或十言句式為主、間入其他句式組成。如〈胡打算〉、〈自在人〉都是為人熟知的名篇。也有通篇皆以十言句完成的賦歌，如〈百草蟲弔孝〉等。至於句式變化較多的賦歌，如〈百花爭鬥〉等，雖句式長短不一、卻有鮮明的節奏感，便於按拍吟誦。

　　這些賦歌在內容上極力舖陳，將相關的細節敷衍得極其仔細：如〈胡打算〉歌中，對於治家置產的細節就不惜篇幅大肆描繪，小如家中擺設、待客

〔註84〕http://baike.baidu.com/albums/269377/269377.html#15944$1a94b36e6f4d419380
　　　　cb4a77
〔註85〕見《海州民俗志》下〈唱小辭書〉、〈牛屋講古〉條。頁350。
〔註86〕以徐州地區所見的〈胡打算〉為例，邳縣、睢寧、新沂各地的歌謠集成中皆可見；雖演唱人不同，但內容僅有少數文字上的差異，可說完全一致。若非有固定版本，很難解釋不同的演唱者之間，如何能將六千多字的歌謠唱得完全一致。又如銅山縣的〈千家讚〉歌詞中就有「買得詞來難得搞，求個盤纏求不到。」的句子，可見這些內容多是有本可循，歌者或依本照唱、或雜糅以自身創作而成。

酒席；大至重整祖塋時的一應事項，全都認眞安排、說明。又如〈自在人〉中，對於自在人的四時衣著、吃食玩物，也都極盡描摹之能事，絲毫不馬虎；再如〈百草蟲弔孝〉，將治辦後事的每項細目環節全部一一清點開列……，這些都是蘇北賦歌所具備的體裁特質，引導著閱聽人細細品味、想像未必能夠親身經歷的生活經驗，將娛樂效果發揮得淋漓盡致。

就歌調的功能觀之，形式豐富的蘇北歌謠具有以下功能：

（一）具有高度的娛樂性：蘇北歌謠豐富的形式及曲調，膾炙人口，使得歌者與聽聞者都能參與其中，不僅可以熱絡現場氣氛、拉近人我距離，更能夠藉著豐富幽默又靈活變化的想像力，提高歌謠本身的新奇感與聽聞者對歌謠的期待感。就文學作品的娛樂性價值而言，豐富的形式正是高度娛樂性的基本條件。

（二）感染力強、內容豐富：無論是曲調或是形式，簡單生動的蘇北歌謠都便於庶民口耳傳唱，無形中豐富了歌謠本身的內容使之更形多元化，將民間文學作品具有跨時空集體創作的特性發揮得淋漓盡致。

（三）如實反映庶民生活及情緒：幾乎所有的歌調都有著兩種共通的功用：訴情與訴苦。這代表了歌謠最重要的功用，就在於發抒情感、傳達情意。蘇北歌謠的多元型式，使資訊或情感便於街知巷聞，也讓百姓隨時可唱、隨處可唱，如實反映蘇北的庶民生活。

第捌章　蘇北歌謠所反映的文學意義

　　本章將針對蘇北歌謠中的文學特色及意義加以探析。就情意而言，蘇北地區自古戰事頻仍、兼之以地理環境艱難，百姓生活不易，形成蘇北地區人民性格強悍務實的特色。影響所及，相關情緒及風格使歌謠性質呈現出「獷」、「絕」、「俏」的特色。整體而言，蘇北民歌中所表現出來的情感具有強烈而豐富、修辭自然不做作的特質，與江南的溫婉之風大有不同。就文學特質的另一層面而言，歌謠被稱為是「方言的詩」，可見要了解一地歌謠，必先從該地方言著手。本章因此也就蘇北方言中可形諸文字的內容及特質整理說明。

　　最後，蘇北歌謠中有部分內容符合故事情節單元分類或民間故事類型分類者，本章另闢一節逐一列出，以便相互參照。

第一節　情感豐富

　　蘇北地區位居交通輻輳，四方商旅、兵馬經年往來、又兼以天災人禍頻仍，使此地居民早已將生命中的無常變化置之度外，坦然地將各種喜怒哀樂毫不掩飾地表達出來、而不興於心中思忖琢磨。這種喜怒形之於色的性格每每說到激動處，常是指天說地、旁若無人，無論老小，音聲洪亮、熱情直接。俗諺云：「寧與南人吵架，不與北人講話」，指的就是蘇北人熱情豪爽、放聲直言的大嗓門；旁人不察，往往以為說話者與人發生爭執，殊不知只是放懷暢言，爭相搶話所致。

　　這種高明度的生命情調，造就了蘇北歌謠中強烈鮮活的情感色彩：喜怒哀樂直顯無隱，令人一聞可知箇中感情走向。本節試將蘇北歌謠中所可見的諸種豐富情感色調分為熱情活潑、直獷坦率、溫柔敦厚、悲慟哀淒、及熱血

激昂等五種風格，逐一介紹說明之。

一、熱情活潑

蘇北久爲金戈鐵馬蹂躪之地、且旱澇之災交雜肆虐，造成生活環境艱難，影響所及百姓們專務於生計尚且不及，少有閒情逸致於溫緩道情；因此在情感的表達上，蘇北人民習以明快直接、不拐彎抹角的方式表達意見。這種風格又以情歌類的熱戀歌最足以爲代表。如邳縣情人間的熱戀情歌〈紡棉花〔註1〕〉就是一例：

> 姐兒房中紡棉花，忽聽門外人說話，多像乾親家。
>
> 丈夫東莊趕廟會，婆婆西莊把牌抹，咱兩人啦啦呱〔註2〕。
>
> 大炒肉，小炒雞，鍋裡鯉魚撲撲嘰，苔乾調蝦米。
>
> 你一盞，我一盞，喝個劉海戲金錢，越喝越坦然。
>
> 你一盅，我一盅，喝個張生戲鶯鶯，越喝越有情。

這一首情歌描述的已婚婦人與情人的私會：無論場景、音聲以及旁襯的場景，無一不顧及：先藉由對環境的白描開場，再帶入兩人熱情的對話，歌中全將禮教拋在腦後，眼裡只有情人的熱情反應，難免令人臉紅訕笑。本歌雖然大膽直接，但以層層遞增的手法描繪周遭狀態及偷情者心理，不但加強了對情境的催化作用，更使得讀者立刻進入箇中火辣熱情的氛圍裡。明明是已婚人的偷情，卻大唱著「越喝越有情、越喝越坦然」，其毫不掩飾的熾熱情火，令人瞠目赧笑，足爲蘇北熱戀風情的代表。

大膽熱情不僅見於已婚者，未婚者更有咋舌的調情之歌。例如連雲港的情歌〈銀燈點起來〉：「……四呀四更裡，霧重月徘徊，忽聽了吊響，赤腳開門來，兩把掩著懷。」〔註3〕；〈月亮照樓梢〉：「伸手拉開門兩扇，用手攬著乾哥哥腰，怨恨兩勾銷！」〔註4〕……等，都是此例。此外蘇北情歌中「姐兒房中悶沉沉」系列〔註5〕，原是女子在父母爲其訂親後，對情人告別的歌謠。這類歌謠看似離情依依，實則大膽有趣。尤其是那些捨不得分手的們此，鍥

〔註1〕見《邳縣歌謠集成》，頁91。詳見本章第四節。

〔註2〕蘇北方言中的「啦啦呱」，意指閒聊、閒嗑牙。詳見本章第四節〈方言表現〉。

〔註3〕見《連雲港民間情歌》，頁53。

〔註4〕見《連雲港民間情歌》，頁47。

〔註5〕計有銅山縣〈姐兒房中悶沉沉〉、邳縣及睢寧縣〈扣花針〉、新沂〈姐在房中扣花針〉、連雲港〈繡花針〉、〈十字路上會情人〉等歌謠，互爲異文。

而不捨地為圖謀再見所想出來的法子，令人忍不住對那些異想天開的點子搖頭失笑；雖然多數版本到了最後，女子總能說服情人就此別過、永不瓜葛；但是在邳縣的版本中，女子就被情人說服，索性商議起兩人如何在婚後私會，這種不顧禮教也要廝守到底的熱情，真要令人搖頭〔註6〕：

> ……
> 「妹妹，你走你把我鎖擱在箱子裡吧！」
> 我有心把你朝箱子裡頭鎖，
> 箱子裡頭小來怕蜷壞了郎的身，小奴不放心。
> ……
> 「妹妹，你窗戶棱上能不能相逢？」
> 窗戶棱上相逢也不能相逢，
> 十二把鋼鈎掛在當中，勾破郎脖梗。
> ……
> 「妹妹，咱不是不能相逢了嗎？」
> 要想相逢也能相逢，
> 你上俺婆家去當長工，那時再相逢。
> 「妹妹，當中沒有介紹人怎麼去？」
> 對門有個高老六，
> 給奴丈夫有交情，一說保險成。
> 「妹妹，咱這不是不親了嗎？」
> 過上三年並五載，
> 床前生下個小玩童，
> 咱兩人拜個乾親親。

　　邳縣〈姐兒房中把手招〔註7〕〉，也是一首展現出為了護衛愛情、不惜犧牲生命熱戀情歌：歌中一方面高唱著：「爹娘知道還好可，哥嫂知道打鋼刀，咱二人命難逃」；一方面卻大聲宣誓：「人過千年還是死，樹過千年砍柴燒，咱二人拼碰哥嫂的刀！」其中的驚人氣勢與決心，使人見識到愛情的無邊魔力，簡直就像是打著「愛情無罪」旗幟的義和團成員，幾乎要到了刀槍不入的境界！

〔註6〕見《邳縣歌謠集成》，頁94。
〔註7〕見《邳縣歌謠集成》，頁132。

　　還有女子因為父母拘管打罵甚嚴、不得隨意與情郎見面，憤而唱出「擦乾眼淚更想哥，情哥身邊是天堂〔註8〕」的熱切心聲；久候情人不至、待到終於見面時「覷準了郎哥到床前，我爬將起來撕他衣襟。丫環提醒撕壞了衣裳還得給做，倒不如輕輕地扭扭他耳性」的任性；對情郎遲遲不來迎娶、索性高唱「再過二年不來帶呀，我懷抱銀娃到你家，丟你活煞煞呀〔註9〕」的〈急嫁歌〔註10〕〉；甚至是送別歌中完全無視於旁人眼光，大唱「才郎哥哥嘴上甜如蜜，小妹妹嘴上甜如冰糖水。」〔註11〕的挑逗歌詞……，這些熱情如火的情歌令聞者不自覺赧然失笑，也因此類似的情歌小調往往被視為淫詞浪曲，最後流於輕薄少年口中調戲女子時的流言蜚語；不過其中所表現出來的熱情與活潑，卻也如實反映出了蘇北百姓在口頭上毫不掩飾的赤辣性格〔註12〕。

　　大人如此，孩童亦然！在蘇北的童謠中，有一類流傳極廣、卻又殺氣騰騰的〈磨大刀殺小孩〉系列兒歌，不明究裡的人乍聽之下或許會大吃一驚，怎麼對於不出來參加遊戲的小同伴，就要抓出來殺掉呢？其實如果仔細體會歌中的內容，會發現其實這些再熱情不過的兒歌：

　　　　　小孩小孩都來玩，

　　　　　磨大刀，殺小孩。

　　　　　稷麵窩窩稷麵團，

　　　　　不殺不殺留著玩〔註13〕！

在新沂縣的孩童中，同樣也這麼唱著〔註14〕：

〔註8〕見《邳縣歌謠集成》，頁122。原文內容是：「門前打罷門後藏，父母管俺賽閻王。擦乾眼淚更想哥，情哥身邊是天堂。」

〔註9〕見《新沂縣歌謠集成》〈姐兒摘瓜〉，頁103。

〔註10〕以邳縣〈雖說沒到十七八〉為例，急於撇清沒到十七、八歲，一樣可以嫁人。對於所有阻擋婚事的人，少女甚至直言對方「飽漢不知餓漢饑」，最後甚至威脅家人，如果不從其意，大不了私奔了事；等過個三年五載，再抱孩子回家來。其用語之大膽，令人哭笑不得。同註5，頁131。另有銅山縣〈小大姐〉、〈小二姐作夢〉、邳縣〈家住西北湖〉等歌，內容皆為急嫁歌。

〔註11〕歌謠一開頭就是「才郎哥哥嘴上甜如蜜，小妹妹嘴上甜如冰糖水。」；最後的結尾則更大膽，如入無人之境：「送郎送到五里所，再送上三五里也不多。若有人將咱盤問，就說乾妹妹送她乾哥哥。」見《邳縣歌謠集成》，頁142。

〔註12〕據地方耆老表示，甚至連〈小寡婦上墳〉、〈光棍哭妻〉之類的歌謠，也由於其中部份版本裡相思的情感太過濃切直接，因此被列入禁唱之列。見本文附件〈徐州歌謠採錄〉光碟。

〔註13〕見《銅山縣歌謠集成》〈磨大刀殺小孩〉，頁191。

〔註14〕見《新沂縣歌謠集成》〈叫小孩出來玩歌〉，頁155。

　　小孩，小孩不出來玩兒，

　　磨刀殺小孩！

　　殺一半，留一半，

　　留給老爹提尿罐，

　　一提提個癩蛙子，

　　拿去家裡哄孩子！

　　這些既誇張又熱情的言行，在外人眼中可能無法理解；但是在蘇北人的生活中卻是再尋常不過。歌謠中真實呈現了蘇北人直接生猛活潑的力道，也使人見識到地方上旺盛的生命力。

二、直獷坦率

　　《史記‧貨殖列傳》：「⋯⋯夫自淮北沛、陳、汝南、南郡，此西楚也。其俗輕剽，易發怒。地薄，寡於積聚。〔註15〕」蘇軾更在其〈徐州上皇帝書〉中更直言：「其民皆長大，膽力絕人，喜爲剽掠，小不適意，則有飛揚跋扈之心，非止爲盜而已。⋯⋯其人以此自負（指劉邦、劉裕、朱全忠之徒皆出徐州），凶桀之氣，積以成俗。〔註16〕」

　　從上述文獻來看，蘇北的剽悍民風早已古今皆聞、遠近馳名，一方面固然基於蘇北地區土地貧瘠、卻又因爲位居交通要津而戰事頻仍，致使百姓生活困頓，遠不如南方民眾生活來得安適富裕。另一方面，在這片群雄窺伺的軍事重地上，由於戰禍連年，使得百姓競相習武：除可自保外，又可伺機揚名沙場。影響所及，蘇北地方武術學校到處可見，郊區尤其如此；也因而此間人民平日多帶任俠使氣之風，不興於枝微末節處錙銖必較。這些特質直接反應在地區的民歌風格上，便呈現出直獷坦率的風味。如描述情人從此各自嫁娶、一拍兩散的情歌，女方爽直大方地了結戀情，絲毫不顯眷戀不捨：

　　⋯⋯

　　辭過靈山還有廟，

〔註15〕見本文第貳章第二節，見司馬遷〈史記‧貨殖列傳〉，楊家駱主編、許平和續編《新校本史記三家注並附編二種》，共四冊，（臺北市：鼎文，1997 年），第四冊，頁 3255。

〔註16〕語中固然多有貶意，然其本意在於表陳徐州地勢易守難攻、兼之以民風強悍，以此呼籲皇帝重視徐州的軍事價值、順勢重新評估蘇東坡本人的可用性。見蘇軾〈徐州上皇帝書〉，《蘇軾文集‧卷 26》http://140.138.172.55/su_shih/su_thing/article/bin/all_body.asp?paper_id=00000806

碼過泰山還有香燒，

咱兩人兩開交哪哎嗨喲

你走你的陽關道，

俺走那個俺的獨木橋，

咱二人兩開交哪哎嗨喲。〔註17〕

又如埋怨情人變心，女子坦率直接地指責情人：

……

為奴待你哪點不周全？

你心血昧了俺！

哎喲喲，

你心血昧了俺〔註18〕！

再者還有像是時政歌裡，提醒人們生活水準已大有改善、別再不知好歹的抱怨，就直接唱罵道：

出門坐車不用走，

白麵大米頓頓有。

想看電視家裡有，

想用清水扭龍頭。

這樣的日子再說孬〔註19〕，

除非良心餵了狗！〔註20〕

這種直獷的性格表現，就連在婚儀的喜歌裡也毫不掩飾：

……

今日來到吃喜酒，新郎請俺來撒帳。

撒的好來莫說好，撒得孬來別嘟囔〔註21〕！

蘇北人所謂「醜話說先頭」的脾氣，在這首歌裡表露無遺：撒帳的人不是客客氣氣的謙辭著「撒得不好莫見怪」之類的客套話，而是直接把醜話摺

〔註17〕見《銅山縣歌謠集成》〈姐兒房中悶沉沉〉，頁125。

〔註18〕見《銅山縣歌謠集成》〈奴待你哪點不周全〉，頁83。

〔註19〕蘇北方言中，「孬」是很常見的用字，多當作形容辭用，意近於「壞」；但是在情緒上及程度上又比「壞」來得溫和。例如：「事兒辦孬了」，意思是指事情辦得不漂亮，但是也沒有糟到砸鍋的地步。「孬臉了」，意思是指人變了臉色，微慍又不好直接翻臉的樣子。詳見本章第四節〈方言表現〉。

〔註20〕見《銅山縣歌謠集成》〈除非良心餵了狗〉，頁35。

〔註21〕見《銅山縣歌謠集成》，〈撒帳歌之四〉，頁68。

在前面：提醒新郎自己是受邀來撒帳的，如果撒得好、口彩講得妙，那是主翁有識人之明，大可不必費心讚美；但是如果講得不好、讓主翁不滿意，新郎就自家認了吧！這種直接而獷悍的表達方式，常常會讓不明究裡的外地人覺得哭笑不得；但是對蘇北百姓而言，這種直接坦率的言語，反而讓人覺得真實不做作，格外受歡迎！

　　蘇北人不只對「人」這麼直接了當；對神也毫不矯情。且看窮人怎麼對付著臘月二十三的祭灶大事：

　　　　灶老爺，

　　　　灶老娘，

　　　　今晚辭灶沒有糖。

　　　　小孩他爹，沒在家，

　　　　咱磕個響頭免了吧！〔註22〕

對直爽的蘇北人來說，窮困的生活早已不是希奇的新聞，家中的一簞一食，更無從隱瞞終年相伴的灶神，所以對於臘月二十三窮得無糖祭灶，自然也沒有什麼難以啓齒的；索性向灶王坦白直言。歌裡的內容看似憊賴、實則真誠，更可以看出蘇北人民不扭捏作態的真性情。

　　說到耍賴，大概少有哪個地區，會有像蘇北人這樣不急著躲債主、反而直接把想再賴帳的打算，大大方方地唱給債主聽！且看這首名爲「還帳」、實爲「賴帳」的〈還帳歌〔註23〕〉：

　　　　少你錢，還你錢，

　　　　家後還有二畝蒿子園。

　　　　等到蒿子長成樹，

　　　　排成船，

　　　　買了黃豆下江南，

　　　　去杭州、到四川，

　　　　買了大米把家還。

　　　　來了去，去了還，

　　　　等船爛，

　　　　找船釘打把鐮，

〔註22〕見《新沂縣歌謠集成》〈窮人祭灶歌〉，頁63。
〔註23〕見《睢寧縣歌謠集成》，頁187。

　　　　　上山去割葛針，

　　　　　把路攔，

　　　　　刮羊毛、杆成氈，

　　　　　賣了氈，還你錢。

　　照歌裡的時間看來，要等到債務人還帳，還真不知道要等到哪個牛年馬月；像這般大聲宣告：「我就是沒錢」的作派，頗有《水滸傳》裡魯智深之風，令人哭笑不得；而如果不幸真的遇到這樣一位賴帳賴得理直氣壯的傢伙，店家也有歌相應〔註24〕：

　　　　　一進門蘇東坡，坐下韓信問蕭何，

　　　　　蘇秦巧舌來講話，徐庶不語是白說

　　　　　賒帳如同三結義，要帳好比請諸葛。

　　　　　不是本號不賒帳，只因要帳太囉嗦！

如此妙喻妙答，直接把賴帳人的各種嘴臉一網打盡：不是一進門就說天道地，就是扯起帳來巧言令色；整首歌裡充滿了率真的幽默。像這樣連不讓人賒帳都能以歌暢言，蘇北人的頑皮幽默，實在令人捧腹叫絕。

　　嬉鬧之餘，蘇北歌謠的直率同時表現在各類歌謠之中：如〈養兒歌〉中，毫不諱言地直指養兒防老的觀念一旦遇到了不知孝養的子女，到頭來還是會落得孤老無依，「有後人如同無下梢〔註25〕」；〈勸夫戒賭〉歌中大罵「吃大煙不算人〔註26〕」；邳縣〈賣餃子〉中，對忝不知恥的輕浮男子大罵：「……罵你不是個好東西滾你媽那個＊呀〔註27〕」；〈勸紅妝〉中對於嬤嬤的世故，忍不住大嘆：「俺娘真是個老在行〔註29〕」；〈嫌媳歌〉中悍姑對媳婦的恫嚇：「你敢反嚳我打嚳嘴巴〔註29〕」；〈唱花項〉中唱花項者反倒強勢地威脅對方：「……你要走，我就蹌〔註30〕，沿頭揍你兩車胖」；對於喝血垣商毫不掩飾的積恨：「提起狗垣商，灶民恨斷腸……養個狗崽做掌管，一個一個狠心狼。…當面叫總管，背後狗娘養！〔註31〕」……等，都是蘇北歌謠中隨處可

〔註24〕見《銅山縣歌謠集成》，〈只因要帳太囉嗦〉，頁310。

〔註25〕見《連雲港市歌謠集成》〈養兒歌〉，頁1054。

〔註26〕見《連雲港市歌謠集成》，頁1213。

〔註27〕見《邳縣歌謠集成》〈賣餃子〉，頁34。

〔註29〕見《銅山縣歌謠集成》〈勸紅妝〉，頁141。

〔註29〕見《邳縣歌謠集成》〈嫌媳歌〉，頁183。

〔註30〕音「斷」，蘇北方言，追的意思。

〔註31〕見《連雲港市歌謠集成》〈掌管狗娘養〉，頁923。

見且又直言無隱的例子。這種性格表現在兒童之間，同樣力道強勁、毫不氣弱：「長槍、短槍，單打日本狗豺狼〔註32〕」，如此勁道十足、眞切粗獷的用語，在蘇北歌謠中俯拾皆是；有些雖然難免粗鄙不文，卻也反映出地方百姓毫不矯飾的眞性情、以及快人快語的剽悍性格。

孔子說，詩可以「可以興、可以觀、可以群、可以怨〔註33〕」，蘇北百姓性格中的大而化之、直獷坦率的風格，在歌謠中一覽無遺；不同於迂迴曲折的南方小調；直獷粗率的蘇北歌謠，披露的是地方質樸素拙的民性本色。

三、溫柔敦厚

如果說蘇北歌謠只有坦直率眞的獷悍之風，那麼未免小看了七情六慾對於民間歌謠的影響力。儘管蘇北人的眞性情使得平日人際交往大多喜怒形於顏色；但是對於人我之間應持的份際及情緒的掌控，一般蘇北民眾仍有其嚴謹的一面。此風其來有自，主要是由於受到齊魯文化的影響〔註34〕，在恪守禮法、謹敘人倫的道德教育之下，再剽悍不羈的蘇北老鄉，其心中仍有一把隱然不見卻分寸不讓的尺規。這樣的自我要求經過長時間的傳承延續，已然內化爲地方百姓性格中深隱不顯的一部分，即使表面上再豪放粗獷，卻也能恪守分寸不踰矩。

這種溫厚的特質在歌謠中，就轉化出哀戚婉轉、卻又能發乎情、止乎禮的字句。蘇北歌謠中固然有大膽恣情的調情小調，但是哀切動人的懇切情歌也同時不絕於耳。如銅山縣情歌〈情哥情妹情意長〔註35〕〉就具有這樣溫柔敦厚的特質。該首情歌以七言絕句的形式一連九段，將有情人基於環境因素、不得廝守終生的悲傷，婉轉的表達出來〔註36〕。在這首歌中，把男子光

〔註32〕 見《銅山縣歌謠集成》〈小竹杆〉，頁 255。
〔註33〕 《論語·陽貨》第九：「子曰：『小子！何莫學夫詩？詩：可以興，可以觀，可以群，可以怨；邇之事父，遠之事君；多識於鳥、獸、草、木之名。』」。
〔註34〕 詳見本文第貳章人文背景敘述。
〔註35〕 見《銅山縣歌謠集成》，頁 105。
〔註36〕 其歌第一至六段的內容分別是：「石榴開花紅似火，情妹樹下望情哥。嫂問妹妹望什麼？妹說數花有幾多」；「太陽出來放光彩，情妹出來曬紅鞋。情妹紅鞋我不愛，我愛情妹好人才」；「太陽落山月凝暉，妹對孤燈流淚水。白天想哥還好過，夜裡想哥難入睡」；「情妹入室淚汪汪，嫁給一個九歲郎說是兒吧不喊娘，睡覺還得抱上床」；「高高山上一棵槐，情妹樹上望哥來。嘴裡喊著手招呼，撲嗵一聲掉下來」；其餘第七至九段，請參見本文第肆章第三節〈情歌·戀慕歌〉。

風霽月的性格及情感氛圍描述得誠摯動人（情妹紅鞋我不愛，就愛情妹好人才），也將有情人不得廝守終身的痛苦，婉轉的表達出來：兩個有情人只能遙遙相望、任憑淚水氾流（不是山洪暴發雨，情哥淚水流不完）、也沒想到要以踰矩私奔作爲解脫相思之苦的態度，正是蘇北大地上黎民百姓們眞情流露的另一種表達方式：即便雙方只能痛苦的在歌中，哀惻地將自己與情人比擬爲月光〔註37〕、日光〔註38〕，懷抱著對情人的思慕以淚洗面，卻誰也不曾想過要反抗既成的現實，只是溫馴的接受命運的安排。對於雅文學而言，哀而不傷〔註39〕、哀而不怨，可謂之是文人終身所追求的最高境界；然則對於民間文學而言，能夠在一首淺白的情歌中，婉轉傳達出哀而不怨的心境，除非有深厚的文化底蘊與高度的自製力不能爲之。此歌的正足以表現出蘇北歌謠中，溫柔敦厚的文化本質。

除了情歌，生活歌謠中對蘇北貧困生活的描述，也能看出地方百姓默然承受天地不仁的無奈。〈夫妻哭五更〔註40〕〉，道盡「貧賤夫妻百事哀」的心酸〔註41〕，歌謠中處處可見丈夫的自責，及妻子敦厚的勸慰之語。對於不幸的命運，夫妻雙方都沒有發出任何對天地的埋怨；臨別依依之際，只有寬慰彼此的不捨言語，讀來格外令人不忍。

四、悲淒動人

歌謠既是反應民瘼最直接的載體，則歌謠中所展現的喜怒哀懼的情緒同樣直接得令人無從迴避。在眾多類別的蘇北歌謠中，除了如上述以溫柔敦厚的情懷面對天地不仁之歎以外，苦歌同樣也記錄了不幸者的人生悲歌。這些苦歌配上不同風格的曲調，或映襯、或反襯地唱出歌者悲切的情緒，也紀錄下舊時代中下階層貧困百姓生活中無可逃避的悲哀。

無論這些苦歌的歌者是乍然喪妻、哀哀泣訴著「……孩子無娘眞傷心。睡到半夜來磨人，……懷抱嬌兒把奶尋，……門東門西走一遍，……半夜無法去找人，……好容易，到天明，一街兩巷開開門。哪位行好把孩子喂……

〔註37〕「太陽出來曬紅牆，情妹出來曬衣裳。我願化作光一束，輕輕來到妹身旁。」
〔註38〕「床前明月亮光光，月似情哥依身旁。情妹矇矓入睡去，醒來還是夢一場」
〔註39〕《論語・八佾》第二十：「子曰：『關雎樂而不淫、哀而不傷。』」。
〔註40〕見《銅山縣歌謠集成》，頁127。
〔註41〕參見本文第伍章第三節〈生活歌・苦歌〉。

一層情報十層恩〔註 42〕」的無助鰥夫；或是以田裡所種的小白菜因營養不良
以致菜葉泛黃爲始，歌出兒童在失去怙恃後被繼母凌虐的痛苦與悲哀的〈小
白菜〉；又或是藉著孤兒受家畜嫌棄的情境〔註43〕，影射出孤兒無處不受欺凌
的悲哀的童謠〈小白雞〉；甚至是哭訴著遭受非人待遇的童養媳、生時遭受無
情打罵及凌虐、而且死後也不受尊重，常被隨意棄置在亂屍崗上的妓女；以
及受到財閥偃主嚴重剝削、更甚者還隨時有性命之憂的蘇北苦力們……，其
血淚所化聚而成的苦歌，都令人一掬同情之淚〔註44〕。

　　更有甚者，還有如在大運河（又稱鹽河）上拉縴的縴夫的悲歌，歌中應
用轉品等手法，將苦力的悲哀化爲觸目驚心的文字，令人想見其苦〔註45〕：

春裝淮鹽下揚州，千里鹽河縴夫愁。

一根長彈繫腰間，好像疆繩馬頭扣。

弓腰頂風汗如雨，春風乾人裂石頭。

臉黑如炭形似鬼，舌焦唇裂人兒瘦。

餓了啃**麭團**〔註46〕，渴了捧水流。

三月未見油和菜，敢想魚和肉？

夏裝淮鹽下揚州，炎炎烈日罩當頭。

腰間長彈長鹽硝，**破褲遮羞汗溼透。**

地燙我腳蚊叮背，河邊蘆根戳我肉。

伏夏熱難受！　　渾身曬成黑灘虎，

父母見了認不得，妻小見了眼發恍。

人不餓死莫背縴，鹽河邊上縴夫苦。

　　一句「妻小見了眼發恍」，將貧賤家庭既餓又苦的無耐情緒貼切地表達出
來。另一方面，原本是和煦甜美的春風，卻變成了連石頭都可以吹得裂的烘

〔註42〕　見《睢寧縣歌謠集成》〈男寡夫上墳〉，頁 83。

〔註43〕　此歌出現在銅山縣、新沂縣及徐州市卷中。以《銅山縣歌謠集成》〈小白雞〉
　　　　爲例，收錄於頁 202；新沂縣卷歌謠則見於頁 199；《徐州市歌謠集成》可見
　　　　於頁 352。

〔註44〕　相關歌謠，請參見本文第肆章第伍節第二節〈生活歌・苦歌〉。

〔註45〕　見《連雲港市歌謠集成》〈鹽河縴夫愁〉，頁 921。

〔註46〕　原作「稆團」，實際察考發現應爲收錄時擬音之誤。「稆與「麭」分別爲陽平
　　　　及上聲字，於中原官話的聲調表現中皆爲陽平字；另就字義訓之，「稆」爲農
　　　　器；「麭」爲麵餅。是以可供啃食者應爲「麭團」而非「稆團」。

風；明明是立而行的人，所做的勞動卻與背著嚼鐵彎環的牲畜無異；這些反襯式的描述手法，在在指明了苦力們必須以命相搏才能免於餓死的慘境；終致苦力發出最深的吶喊：「人不餓死莫背縴」。這句歌詞與煤礦礦工的慨嘆：「千條路走盡，才把黑炭掏」如出一轍，毋需高深的文學素養，貼切眞實的歌謠中，就能使人感到無盡的絕望。

　　此外，蘇北地方除遇荒年、還有蝗災不時從天而降；清代更有黃河潰堤、淹沒土地身家等等的天災，這也是造成蘇北歌謠中，各地皆不乏「思苦」、「憶苦」等相關主題歌謠的原因。以前清光緒二十四年流傳至今的〈窮民苦〉〔註47〕一歌爲例，就唱出了黃河氾濫所造成的流民之苦：

> 光緒二十四年眞可憐，一無吃來二無穿。
>
> 老的老來小的小，可憐俺窮人餓死在荒野。
>
> 日討千家飯，夜晚宿廟堂，
>
> 不作犯法事，不怕見君王。
>
> 黃水滔滔、大雪紛紛，窮人多難過！
>
> 蒼天啊！帶孩子、扶老人；
>
> 孩子哭一聲：餓啊！
>
> 三天沒吃一口飯。
>
> 老人嘆一聲：兒啊！可憐染病赴黃泉。
>
> 好不容易等到管家來放糧，發黴豆餅拿手中，
>
> 俺想想，可憐奴，這個日子怎麼過？
>
> 窮人的日子眞難過！

　　這首令人一掬同情之淚的歌，通篇沒有咬牙切齒的罵天恨地，更沒有對爲富不仁者的怨懟與惡咒，一句「不作犯法事，不怕見君王」，表現出窮民雖窮、卻坦然天地間的氣慨；然而再怎麼理直氣壯，卻也難逃天災人禍的襲擊，甚至不得不面臨生離死別之苦。對於這一切的苦難，窮民們也只能對天悲嘆「蒼天啊」，除此之外再無惡言。歌中不但展現出窮民們敦厚的性格，那些平鋪直敘、不帶情緒卻又淋漓盡致的白描手法，更能眞切傳達出深不見底的人間至慟。所謂「天地不仁，以萬物爲芻狗」，蘇北歌謠正是最佳註腳。

　　這些苦歌中所描繪的，是一幀幀蘇北社會中最低階層貧苦百姓的眞實生活，其中苦楚透過一針見血的歌詞，足令未曾體驗者產生如身臨其境般的深

〔註47〕見《新沂縣歌謠集成》，頁 4。

刻感動，展現平凡無華卻素樸眞實的情感。

五、幽默辛辣

　　蘇北歌謠中，有一種獨到的辛辣趣味，令人聞之印象深刻、哭笑不得。這種幽默辛辣，並非來自於尖銳的詈言叱語；而是存在於冷眼旁觀後的反芻，因此成爲蘇北歌謠中最具代表性的風格之一。

　　這些耐人回味的描述，大多出現在時政歌及生活歌中，白描地嘲弄當權者或是荒唐的社會風氣；歌者在看似無奇的文字之外，藉由精準的鏡頭，冷靜地直指其中不合理的片刻、更一語道破人性醜惡本相，所以令人印象深刻、讚服不已。

　　如嘲諷惡吏的行徑時，或以白描手法摹況「吃一個、拿一個，胳肢還要夾一個〔註48〕」；或是冷然直述「誰到食堂誰添膘〔註49〕」；再不就是用瞭然於心的句子大唱「大幹部，小幹部，一人一條尼隆褲，…就是沒有咱老社員的〔註50〕」，都反映出官員自肥的醜態；又或以「致富千條路，不如當幹部。死了一個爹，成爲萬元戶〔註51〕」旁觀官員藉機聚斂的貪婪；至於因政策不連貫對百姓造成的無盡困擾，則從扒河一事說起：「張書記來扒、李書記來平，王書記來又說不行。平了又扒、扒了又平，年年流汗幹一冬，平不滿的是溝，扒不淨的嶺，沒法耕來沒法種。〔註52〕」……諸如此類的嗆辣風格在時政歌中俯拾皆是；尤其對於三面紅旗之後至文革時期之前的諸多政策所帶來的社會亂象，描寫得格外精確，令人忍俊不住之餘，不得不擊掌稱妙。

　　至於生活歌中的辛辣幽默，同樣表現得冷然無情、事不關己。這些歌謠大多用於諷刺世事人情，例如「門前插根要飯棍，姑舅兩姨不上門；門前栓匹高頭馬，不是親戚強是親〔註53〕」，譏諷著「貧居鬧市無人問、富在深山有遠親」的勢利人情；還有〈姐兒房中哭啼啼〉中，是女子憤憤於金錢至上的丈夫爲了營頭小利不顧家庭生活時，自嘲嘲人道：「爲奴勸你把驢賣，願情當龜不趕驢，這是苦生意〔註54〕」；又如〈嫌媳歌〉及〈懶大嫂〉之類批評懶散

〔註48〕見《睢寧縣歌謠集成》〈蝸牛兒，大螞蚱〉，頁18。

〔註49〕見《邳縣歌謠集成》〈蝸蝸牛〉，頁15；〈小金魚〉，頁13。

〔註50〕見《邳縣歌謠集成》〈尼隆褲〉，頁15。

〔註51〕見《邳縣歌謠集成》〈當代歌謠1〉，頁14。

〔註52〕見《邳縣歌謠集成》〈扒河謠〉，頁15。

〔註53〕見《銅山縣歌謠集成》〈貧富謠〉，頁50。

〔註54〕見《邳縣歌謠集成》〈姐兒房中哭啼啼〉，頁184。歌中的「龜」是指妻子紅杏

女子的歌謠中，對於懶婦直況其狀：「叫她割麥，拿起鐮刀就有尿；叫她揚場，睡到樹底乘陰涼；叫她攆雞，坐在地上瞎噢吃〔註55〕」，這些犀利尖銳、冷然白描的歌詞，讓不知情者聞之駭笑、知情者聽而心驚；至於連雲港的生活歌〈老黃狗納了饞〔註56〕〉，則以「不是我餓得沒有勁，把你扔過海州山」一語，表面上怒斥老黃狗的貪嘴好吃；實則是笑中帶淚地自嘲人不如狗的生活境遇，令人心寒感嘆。類似這樣的黑色幽默的手法，總能把蘇北民間生活裡的種種悲愁，鞭辟入裡地支解嘲諷一番，令聞者哭笑不得。

六、熱血激昂

歌謠中既是日常生活的真實生活縮影，則蘇北時政歌中對抗敵對政權或外侮的歌謠，所傳達的就是蘇北百姓頑抗不屈、熱血激昂的奮戰精神。這些時政歌中的文字極具煽動性，足令聞者在聽歌之後熱血沸騰，從而懷抱對未來的憧憬奮勇上陣；也能因此吃苦耐勞，忍受各種辛勞。

這些歌謠雖然被歸入充滿政治意味的時政歌中，但是卻能以簡單淺白的文字、傳達出最淋漓盡致的高亢情緒。這些熱血激昂的歌謠，大致可從其功效及特色區分其中經營的方向：（一）藉由時間的緊迫感、激化高昂的情緒；（二）由情感訴求激起強烈保家衛國的情懷；（三）營造對美好未來的期待、鼓動群眾共同奮鬥的意志。以下逐一舉例說明。

（一）藉時間的緊迫感激化高昂的情緒

戰爭期間，為了爭取時效贏得勝利，會出現強調時間緊迫、動作要快的歌謠，並藉此激化群眾情緒、以提高生產及戰鬥效率。這些歌謠中高唱著「鬼子搶糧到山下，軍民連夜收莊稼。槍炮聲中砍苞米，扇開煙硝摘棉花〔註57〕」；「手拿鐮刀肩背槍，封鎖線上奪棉糧。鐵絲網前砍苞米，棉花摘到崗樓旁〔註58〕」；「日偽掃蕩要進山，虎口奪糧麥開鐮。千里沂蒙金僕地，收割拉打一夜完〔註59〕」之類的訊息，讓大家體認時間緊迫、催促軍

出牆的男子，此處妻子意指與其讓丈夫繼續如此工作，倒不如自己出門賣春來得自在，借以譏諷丈夫的貪財與薄情。

〔註55〕見《邳縣歌謠集成》〈懶大嫂〉，頁199。
〔註56〕見《連雲港市歌謠集成》，頁932。
〔註57〕見《邳縣歌謠集成》〈扇開煙硝摘棉花〉，頁26。
〔註58〕見《邳縣歌謠集成》〈棉花摘到崗樓旁〉，頁25。
〔註59〕見《邳縣歌謠集成》〈收割拉打一夜完〉，頁26。

民加快速度清理家園，以避免造成更大的損失。歌謠中把時間（鬼子搶糧到山下／軍民連夜收莊稼）、空間（鐵絲網前砍苞米／棉花摘到崗樓旁）的緊迫感一一呈現，讓人身歷於戰爭分秒必爭、寸土不讓的危機感中，也因此得以激化群眾情緒、提高戰鬥效率。

除了保有物產具有急迫性，民眾性命保全也有其不可忽視的急迫性。歌謠中有的是藉由性命交關的急迫感，來號召民眾投入戰鬥的歌謠。例如蘇北地方皆可見的〈放腳歌〉，就是婦女請求大家齊心協力殺敵以期伸冤的歌謠〔註60〕。歌中主要由婦女哭訴丈夫被敵人隨意濫殺，自己卻因爲裹小腳、行動不便，不但不能逃命、更眼睜睜看著自己丈夫被日軍殺害而無法求救，於是在歌末勸告同樣被纏足的婦女：「姐妹們，莫遲緩／趕快鉸斷裹腳絆／大腳板送子彈／打敗日本鬼子伸冤／打敗日本鬼子伸冤」。歌中「姐妹們，莫遲緩／趕快鉸斷裹腳絆」，就是具有急迫性的行動號召，因爲纏足婦女越早打開裹腳布，就能越快增加後勤戰力，在時效上有著不可延遲的重要性。所以藉由歌謠的傳唱，激起同胞間的義憤心，加速政令及軍事宣導的效果。

（二）藉同仇敵愾的憤慨激起戰鬥意志

利用同仇敵愾的心理來激化民眾的高亢情緒，是造成歌謠中強化激昂情緒的主要手法。特別是以同胞受苦、家園殘破等事實作爲訴求、更能造成聞者義憤填膺的氣慨，達到號召群眾團結退敵的目的、更激起保家衛國的情懷。如在抗美援朝時期，蘇北用以號召群眾投入對美戰爭的歌謠〈抗美援朝打敗美國佬〉中，就有以下的句子：

> ……
>
> 四呀四更裡，月亮照西牆。
>
> 美國的飛機飛過了鴨綠江，
>
> 侵略侵到咱們頭上哪，哎嗨喲！
>
> 炸死我同胞呀，炸死我牛羊，
>
> 鴨綠江的漁船遭了殃，
>
> 鮮血飄流波浪上哪，哎咳呢！

〔註60〕此歌謠的殺退對象各地略有不同，如在連雲港（頁951）、銅山縣（頁27）及邳縣（頁44），所收歌謠中是以日本爲復仇對象；然則在銅山縣另有一版本，歌名爲〈蔣匪剿俺家〉（見《銅山縣歌謠集成》，頁24），則以類似歌謠手法哭訴國民政府軍殺害無辜百姓的內容。

五呀麼五更裡呀，月亮漸漸沉。

咱們的人民參加志願軍，

美國一見嚇掉魂哪，哎嗨喲！

不怕天氣冷呀，不怕冰雪深，

犧牲流血為國為民，

保咱國家才能安穩哪，哎咳呢！〔註61〕

　　歌謠中敘說美軍飛越鴨綠江，造成中國百姓身家財產的傷亡；把原本不在韓戰戰線內中國也拉入了韓戰之中，激起民眾的反美情緒〔註62〕。又如歌謠中以「恨蔣」為主題的歌謠（如〈恨蔣歌〔註63〕〉），高唱著「賣國賊頭蔣介石，內戰打不盡。他用美國槍和砲，屠殺咱人民」；「抓人籌糧又搶糧，人民遭了殃。抓夫燒殺不講理，反攻倒算添惆悵」；「姦淫燒殺又搶糧，到處去清鄉。抓住青年就活埋，老頭上繩綁」等恨詞，同樣激起百姓憤慨，以期共同打退國民政府軍。

　　除了「恨蔣」，也有以「讎日」為主題的歌謠，同樣以表現戰爭中的殘酷血腥作為喚醒民族魂的重要手法，如以下所節錄的〈抗日求生存〉：

……

日本鬼進中國已經五六年，

月月去納糧，天天去報捐，

賊寇他壓迫俺黑不見天。

……

日本鬼子壓迫俺當作馬牛，

夜晚看鐵道，白天去挖溝，

累得俺腿疼腰酸實難受。

……

日本鬼和漢奸四鄉抓壯丁，

青年拔了去，出走影無蹤，

〔註61〕見《徐州市歌謠集成》，頁 50。同一歌謠在連雲港市卷及銅山縣縣卷、邳州市卷中皆可見，可知流傳極其普遍。

〔註62〕根據相關歷史文獻記載，韓戰期間，聯合國軍隊根本未曾飛越鴨綠江轟炸中華人民共和國，可見歌謠內容為了要鼓舞人心踴躍參戰，故意將戰況激化為祖國保衛戰。

〔註63〕見《徐州市歌謠集成》，頁 37。

母盼兒、妻盼郎悲慘實苦情。

⋯⋯

日本鬼大掃蕩瘋狂賽虎狼，

侮辱我婦女，政策是三光。

殺人搶東西火燒一掃光。

⋯⋯

我們的冤屈何日能解除？

只有來抗戰，才能得生存。

打退了日本鬼冤屈才解除〔註64〕。

　　上錄歌謠中所描述的殘暴手法，實則無論在任何戰爭中都難以避免；務實觀之只要將敵人名稱置換，就又是一首義無反顧、激昂高亢的戰歌。此類歌謠一旦被公開傳播、甚至是將戰爭中失去理性的種種行為加以放大，就可以輕易激起民眾的憤怒情緒、並隨之造成熱血激昂的期待：期待我軍的到臨以對抗敵軍。這樣熱血激昂的情緒還延展成另一首〈慰勞歌〉〔註65〕，節錄如下：

正在家裡把茶燒，**忽**聽大軍已來到。**我們喜得直往外跑。**

一喲哎喲，我們喜得直往外跑，一喲哎喲。

⋯⋯

你們在前方打勝仗，我們大家在後方，**多勞動理應當。**

一喲哎喲，來慰勞表表心腸，一喲哎喲。

⋯⋯

　　歌詞中運用了「正在」、「忽」、「直往外跑」等字眼，強烈展現出百姓望治若渴的迫切心情；另一方面，看到友軍造成的狂喜，也使得民眾自願為軍隊服務，一句「**多勞動理應當**」，達到了類似歌謠的政治目的，團結了軍民，為勝利營造先機。

　　要贏得一場戰爭的勝利，一定要靠全民共同投入。蘇北歌謠中，甚至可見連女性也站出來，呼籲姐妹們勇敢上前為國奉獻：

大姐今年才十七，　一心一意抗戰去

爹娘二人不願意，　大姐她坐繡房生了氣。

叫生爹娘怎麼辦？　不分男女都抗戰。

〔註64〕見《徐州市歌謠集成》，頁60。

〔註65〕見《新沂縣歌謠集成》，頁28。

> 抗戰不獨女兒自己，　全都是爲了打鬼子。
>
> 這樣世界不怕姐妹多，全都是爲的咱中國；
>
> 爹娘若不把女兒走，我不是跳井就是離家。
>
> 爹娘聽了心裡怕，　快把女兒送出家。
>
> 女兒送到十裏街，　問聲女兒早晚回來？
>
> 叫聲爹娘回家吧！　鬼子不趕走不回家。
>
> 鬼子趕出中國地，　我坐著飛艇來看你老人家〔註66〕。

　　除了成人的歌謠中有類似熱血激昂的內容，兒歌中也不乏以抗戰爲主題的歌謠。蘇北孩童對於征戰、生、死之類的說法，早已是從小就耳濡目染、聽慣說慣的尋常字眼，所以童謠之中，也不乏模擬戰爭的遊戲歌，特別是對日抗戰期間的國仇家恨，使得童謠中也常見從軍報國、誓殺日軍的內容；或是咒罵政府軍（中央軍）的歌謠：

> 小紅孩，扛紅槍。
>
> 打倒鬼子和中央（軍）
>
> 打的打，退的退，
>
> 各莊都有遊擊隊
>
> 遊擊隊，挎盒子，
>
> 打倒日本老婆子，
>
> 盒子槍，眞正快，
>
> 單打中央（軍）腦子蓋〔註67〕。

又如

> 小包車，圓又圓，上邊坐個劉胡蘭〔註68〕。
>
> 劉胡蘭，十三歲，參加了革命遊擊隊。
>
> 遊擊隊，打靶子，單打敵人腦勺子〔註69〕。
>
> 腦勺子，不經打，專打敵人大洋馬。
>
> 大洋馬，猛一蹦，專打敵人總司令。〔註70〕

〔註66〕見《連雲港市歌謠集成》〈大姐一心抗戰去〉，頁952。

〔註67〕見《睢寧縣歌謠集成》〈小紅孩，扛紅槍〉，頁138。

〔註68〕劉胡蘭，山西文水人，生於1932年，死於1947年，時年未滿15歲。是年紀最小的中國共產黨員，因參與暗殺閻錫山的手下——山西文水雲周西村村長石佩懷，被閻錫山鍘死。劉胡蘭死後，成爲千萬青少年的偶像，所以在兒歌中也以她爲青少年及兒童歌誦學習的榜樣。

〔註69〕徐州方言，腦勺子指的是後腦殼，因爲形似勺子，故名。也稱爲「後腦勺」。

這些歌謠的內容，直接有力，傳達的情緒強烈且意象鮮明，尤其第一首與第三首，直接點明殺敵要訣，在於對準腦袋射擊，除了在情感上引動兒童強烈的敵我意識、更給予了明確的行動方針，讓小孩從小就學習如何擊殺敵人而不以為怪。這些歌謠可謂是非常時期的兒歌，以「全民皆兵」為目標，訓練人民勇敢面對戰爭及所可能帶來的殺戮場面。

整體而言，在面對強敵外侮時，蘇北歌謠不但發揮了強大的動員能量，其慷慨激昂的情緒與捨我其誰的氣魄，更顯示出蘇北地區人民習於金戈鐵馬的爭戰場面後，視死如歸、勇於奮戰的強悍性格。

（三）營造期待、鼓舞奮鬥意志

慷慨激昂及悲憤填膺的情緒固然可為戰爭帶來極強的爆發力，但是如果要讓戰爭不致於到最後功虧一簣，持續穩定的戰鬥意志才是主要的得勝關鍵。要讓人民自願犧牲奉獻、熬過一段又一段艱苦的作戰，必須要靠著對美好未來的期待。這種歌類在歌末藉由對未來的憧憬，鼓動起群眾齊一心志的熱情，也凝聚了軍民的共識，成為戰爭歌謠最常營造的氛圍之一。如新沂縣〈淮北民歌〉的最後一段，就以抗戰勝利能得安康生活為期許，鼓動同胞起而抗日：

> 同胞們，快武裝，
> 丟鋤頭，摸起槍
> 立足淮海打遊擊，
> 打敗敵人保家鄉。
> 勝利後方得安康〔註71〕。

又如邳州這首粗鄙卻也簡短有力的抗日歌謠：

> 婦救會姐妹團，作軍鞋又紡線，
> 救傷員上前線，送公糧運子彈。
> 男的能幹俺能幹，打跑鬼子好團圓〔註72〕。

以及

> 打跑鬼子奪回牛，軍民凱旋回山溝，
> 高粱夾道晃膀笑，穀子滿坡亂點頭。

〔註70〕見於《徐州市歌謠集成》〈專打敵人總司令〉，頁 364。
〔註71〕見《新沂縣歌謠集成》，頁 13。
〔註72〕見《邳縣歌謠集成》，頁 29。

苞米抱起大牛角，朝天齊吹烏嘟嘟〔註73〕。

然而比起以上的歌謠，銅山縣還有對未來好日子更清楚的期待：

解放軍，扛大砲，一夜打通隴海道

隴海道，一掃光，打完八集打碾莊

打了碾莊往西走，一炮打到徐州府。

徐州府，被攻陷，打完江北打江南

打過江南吃大米，佔據江北吃白麵

打倒老蔣放鞭炮，全國人民得團圓〔註74〕。

類似的歌謠在蘇北十分常見，內容都充滿著對未來生活美好的期待：無論是精神上的解放或是物質上的好轉，都是人民津津樂道的話題。

透過蘇北地方熱血激昂的歌謠，不難理解蘇北地方人民為何如此勇於在戰爭中衝鋒陷陣：一是由於豪爽的性格，無法容忍不義之軍四處肆虐、因此極易於在同仇敵愾的情境下加入戰場；另一方面，蘇北群眾可以被視為是廣大中國傳統民眾的縮影：蘇北地方自然環境惡劣、人民謀生不易；能在這種艱苦的環境中求存，唯一支撐自己的信念正是對美好未來的憧憬。所以無論是咬緊牙關撐過眼前的苦境、或是拼了命打退敵人，都成為爭取美好明天時不得不付出的代價。這種情緒一再地在歌謠中以文學性手法被執政者運用；也一再成為激勵眾人拋頭顱撒熱血的關鍵。

綜合上述，蘇北歌謠中所傳達的情感熱切而直接、豪爽而豐富；但是卻也不失溫柔敦厚、蕩氣迴腸之歌：完全反應了蘇北人民性格中最真誠懇切的一面。

第二節　字詞靈活生動

乍看蘇北歌謠，總令人有白描當道、有話直說的快感；也難免令人懷疑箇中是否真有所謂修辭技巧可言；然則仔細推敲歌詞後，總讓聞者不免莞爾：因為蘇北歌謠的用詞正反映出此地帶有獷味及俏皮感的民性，自然辛辣之餘卻也餘韻十足。這固然是歌者的智慧；然則民間歌謠的集體創作特性，也是使得歌謠在一再傳唱過程中，能夠把「前修未密」的部份「後出轉精」，才能留下了今時今日所可聞見的絕妙好辭，信手拈來，處處是例。周作人就曾指

〔註73〕同上註，頁 26。
〔註74〕見《銅山縣歌謠集成》〈解放軍扛大砲〉，同註 4，頁 19。

出，歌謠與俗諺一樣，都是「一人的鋒機、多人的智慧」，無論開始時是粗糙是精鍊，「通用之後自能漸就精鍊，不然也總多少磨去他的稜角（使他圓潤）了。」〔註75〕

　　以下略就蘇北歌謠中在遣詞用字上幾個較具特色的部分加以介紹。

一、用字生動

　　蘇北歌謠中最令人印象深刻的部份，除了多元豐富的內容外，用字的靈動巧妙，絕對是讓歌謠引人傳唱的重要原因之一。整理之後可以後發現，各地區歌謠中的用字遣詞，與地方文化風格有著密不可分的影響：大體說來，銅山與睢寧兩縣因接近徐州市區中心，文化刺激較其他地區更為頻繁，因此在文字風格上較為雅正，精妙的用字多出現在雙關語的使用上；使用的類別也以情歌為主。如在蘇北地區極常見的〈奴待你哪點不周全〔註76〕〉中，女子怒問情人為何變心時，直接唱道：

　　　　拍拍郎的肩，

　　　　攦攦郎的拳，

　　　　為奴哪點待你不周全？

「攦」字本有「用手握住」之意〔註77〕，在此處可以想見姑娘見到變心的情人，竄上去直接用手握緊情郎的拳頭，質問對方自己被拋棄的原因。殷切之心，藉由這個鮮明的動詞展露無遺。同一首歌中，女子認定是情敵勾引了情郎使情郎變心，於是這樣唱：

　　　　她的模樣比奴長得標

　　　　可把你個孬種引壞了。

唱「引壞了」，不單說「勾引」，這是蘇北方言中慣常的用語，也表現出在感情上的勾引之意以外，還有「引導」的意味，所以此處利用了同義語構成的雙關，把情敵的惡行加倍披露，讓人清楚知道女子的氣憤緣由，精準扼要！

　　同樣在動詞上用得精準的，還有一首少女思春歌〈小大姐〉〔註78〕。這首歌中的女子因為思嫁而茶飯不思，父母兄弟沒有一人能問出緣由；幸虧大嫂看透小姑的心思，要幫小姑向公婆稟明。小姑一高興，「雙手就把嫂子摟」，

〔註75〕見周作人撰〈歌謠〉，收錄於鍾敬文編《歌謠論集》，頁34。
〔註76〕見《銅山縣歌謠集成》，頁83。
〔註77〕見方中權等人編纂《學典》，（臺北・三民書局，2006.6 六版），頁508。
〔註78〕見《銅山縣歌謠集成》，頁105。

「嫂子笑把小姑逗／鬆鬆手，鬆鬆手／有勁去摟你那一口」。在蘇北方言中，如果要人把放手，習慣的用法是「你鬆手！」或「你丟手！」。在此處，嫂子一句「鬆鬆手，鬆鬆手」顯然比「丟丟手！丟丟手！」來得貼切：除了叫小姑放開自己，也讓家人有「鬆了一口氣」的寬慰。因為小姑的相思病，已經害得家人瞎猜擔心，偏偏「到底啥病猜不透」，一家人的焦慮可想而知。一個「鬆」字，既是動詞也是形容詞，鬆開了小姑的心結，也鬆開了全家人的憂慮，鬆得不可謂不妙！

至於連雲港市的〈千挪萬挪〔註 79〕〉中，更精妙地應用動詞來傳達出長工食肉不易的情境，一句「伸筷去刀〔註 80〕，蒼蠅來奪」，以「伸」、「刀」、「奪」等動詞，將整個過程如電影分解鏡頭般，把長工與蒼蠅爭食肉片的畫面卡通式地直描紙上，雖是誇飾著肉片精薄到連蒼蠅都叼得動；卻也在協韻如歌的兩句四言句中，幽幽唱出旁觀者早已對於結果早已瞭然於心的冷然。

類似的用法也可見於〈送郎歌〔註 81〕〉中。歌的內容是描寫妻子送出征時的叮囑之語。其中有一段勸丈夫別坐在船頭，以面被人擠到水裡。然則此處卻不用「擠」，而是用「擁」：

> 坐船坐船腰，不要坐船頭。
>
> 船上有壞人，甭叫擁到水裡頭。

載著過客的船隻，在戰爭時節又多加上了應召入伍的軍人，船上擁擠可想而之；妻子擔心丈夫被一擁而上的船客擠下水；也擔心被一擁而上的惡人謀財害命後擠下水，所以叮囑丈夫不要坐在船頭以防不測。聞者彷彿可以透過「擁」字，見到船靠岸後，客人的一擁而上、兵荒馬亂般的場面，如此雙關的妙用，令人如身臨其境。

雙關語之妙還不僅於此。銅山縣〈半邊詞〔註 82〕〉，也是另一種精妙應用雙關字義，徹底描寫出女子獨守空閨的孤獨的長歌：

> 鼓打三更半邊天，佳人獨坐半傷感
>
> 珍珠半掛帘半捲，柴門半掩又半關
>
> 半閃秋波望外看，半天星斗半雲翻
>
> 半個月亮半明亮，半怨奴家半怨天

〔註 79〕見《連雲港市歌謠集成》，頁 933。
〔註 80〕蘇北方言，同「叼」，「夾」的意思。
〔註 81〕見《銅山縣歌謠集成》，頁 115。
〔註 82〕見《銅山縣歌謠集成》，頁 98。

　　　　半怨郎君心太狠，半夜三更受孤單

　　　　半杯香茶無心飲，半杯美酒懶去貪

　　　　半依羅緯半靠枕，小金蓮一半伸來一半蜷

　　　　紅綾被半截熱來半截涼，鴛鴦枕半截濕來半截乾……

全歌使用「半」字來描寫女子獨身無伴的淒冷，既是寫實又是寫意，完全把所有與「半」字相關的意涵徹底應用，可謂精彩至極的相思情歌。

　　蘇北長歌中，除了上述〈半邊詞〉外，還有一首精彩的〈九十九個黑〔註83〕〉（或名〈一窩黑〔註84〕〉、〈黑又丟〉），也是屬於徹底運用文字意象所完成的趣味歌謠〔註85〕，全歌中將「黑」字從顏色（黑豆）到姓氏（黑爹黑娘）；由天色（摸黑走路）到狀態（天井院裡黑眼看），完全展現了高度的文字趣味，把中國文字豐富多變的特色遊戲似的應用於其中，格外令人難忘。

　　以蘇北地方而言，邳縣及新沂地處徐州市外緣，民風樸質剽悍，用字遣詞顯得大膽，尤其在時政歌中更是如此。然則常有令人驚豔的一字一語，在歌謠中佔有畫龍點睛之妙。例如在抗戰歌謠中，用來激勵同樣身為女性的同胞奮起助戰，就有這樣一首歌謠：

　　　　婦救會姐妹團，作軍鞋又紡線，

　　　　救傷員上前線，送公糧運子彈。

　　　　男的能幹俺能幹，打跑鬼子好團圓〔註86〕。

　　其中「**男的能幹俺能幹**」一句，讓「能幹」一詞既是形容詞也成為動詞，一方面是形容工作能力強，另一方面也有「男人能做我也能做」的意味在其中，歌中以去聲的「幹」字為整個宣示加強了語氣與氣勢，反而成為極其生動的一語雙關，已令人印象深刻；再加上末句「團圓」一詞中的「圓」在蘇北方言中亦屬去聲字（讀如「苑」），格外讓這首宣示意味濃厚的歌謠傳達出歌者堅決不移的心志！邳州歌謠中，形象鮮明卻又略顯粗鄙的動詞妙用還有以下幾處，如婦女是這樣勸告丈夫不要成為漢奸〔註87〕：

　　　　你看高曉峰〔註88〕，

〔註83〕見《銅山縣歌謠集成》，頁266。
〔註84〕見《邳縣歌謠集成》，頁248。
〔註85〕請參見本文第伍章第三節〈傳說故事歌・短篇故事歌〉。
〔註86〕見《邳縣歌謠集成》，頁29。
〔註87〕見《邳縣歌謠集成》〈勸丈夫〉，頁32。
〔註88〕郯城縣地主。

去當鬼子兵〔註89〕，

……頭上揍個大窟窿麼！

不說「打」出個大洞；卻說「揍出個大窟窿」，在語音上就已然利用「揍」本身是去聲字加重了語氣；同時如此活靈活現卻又秉實白描的寫法，讓人聽來既害怕又好笑，更沖淡了原本沉重的時政歌中濃濃的政治意味。這是蘇北民間的幽默，讓人難忘。其他妙趣橫生的精彩用字，還有〈郎的心腸改變了〔註90〕〉歌中，女子表明從此與情人兩下分飛、再無瓜葛時是這麼唱的：

從呀從今後，

你走你的東，我走我的西。

你打你的狗，我攆我的雞。

歌中將尋常口語裡的打雞罵狗，在此處轉成了「打狗攆雞」；這些原本看來是極普通平常的農村生活寫照，在此處卻一語雙關的指陳出女子一心要與變心的情人分手的決心，用「攆」而不用「趕」，頗有「攆」開負心漢的意味。又如〈紡棉花〔註91〕〉中，已婚女子趁家人不在私會情人，爲了招待情人，下廚備菜治酒，對爐子上的佳餚是這麼形容的：

大炒肉，小炒雞，

鍋裡鯉魚撲撲嘰。

苔乾調蝦米。……

表面上寫的是鍋裡熱騰騰的鯉魚正在爐子上煮著，但是這煮菜時的狀聲詞同時也反應出女子雀躍的心情，一如爐子上的鯉魚般在那兒嘆滋嘆滋的冒著泡兒——這種開心到冒泡兒的微妙情緒，完全透過爐上滾滾的菜餚表達出來，整個畫面與音響都因此而顯得喜氣洋洋。

連雲港地區環境艱難，也使當地歌謠中的遣詞用字，有著出人意料的犀利與貼切，例如〈鹽河縴夫愁〔註92〕〉中，就有以下轉品的用法：

弓腰頂風汗如雨，春風乾人裂石頭

其中「春風乾人裂石頭」中的乾，原是形容詞，在此處轉爲動詞，指原本和煦的春風竟把人吹乾了！如此反襯來描摹縴夫口乾舌燥的苦狀，令人印象深

〔註89〕意指當漢奸。
〔註90〕見《邳縣歌謠集成》〈郎的心腸改變了〉，頁88。
〔註91〕見《邳縣歌謠集成》〈紡棉花〉，頁91。
〔註92〕見《連雲港市歌謠集成》〈鹽河縴夫愁〉，頁921。。

刻。又如〈挑水謠〔註93〕〉：

　　　　昨天進板浦，　　垣商賽官府。

　　　　吃水南城挑，　　後桶嫌灰土。

　　　水重路遠腰壓斷，不知挑夫苦。

　　　一擔山水萬步路，太太嫌髒往外戽！

　　「戽」作動詞原有「汲水」的意思；但是在此處的用法，卻把法垣商妻子仗勢欺人的惡形惡狀完全描繪出來：聞者隨著「往外戽」這三個簡短有力的字眼，清楚看到富太太將珍貴的用水一瓢瓢恣意往桶外亂潑的模樣！歌詞中明確地帶出畫面，所傳達的辛酸與震撼不言可喻。

　　這種將動作直接描繪、呈現出活生生畫面的歌謠，在連雲港的苦歌中最為常見：如〈灶民常年苦難當〔註94〕〉中所言：「灶民常年苦難當／夜晚睡覺地當床／一年四季一身衣／冬天凍得直篩糠。」所謂「冬天凍得直篩糠」，不過是藉由「篩糠」使人聯想到灶民夜晚受凍、忍不住全身發抖的模樣，活脫脫正似在篩糠！又如〈上海潮〔註95〕〉中描述一九三九年海嘯造成灶民死屍四處的歌詞：「淹死多少男和女／漂來多少老和少」歌中用「漂來」而不是用「飄浮」，使人意會到這些老少的遺體，必是被海嘯捲出後再隨海流漂回岸邊、那種越來越接近的恐怖感、與海邊橫屍遍野的悲慘畫面，令人不寒而慄；更反襯出接踵而來的歌詞中，對垣商平淡無奇的憤慨：「呼天搶地無人應／公司老爺睡大覺。」兩者相較，直令人對垣商的冷血感到不可思議。

　　再如〈農人忙〔註96〕〉一歌中，寫地主如何虐待佃農：「提利債，很可傷／春天用，秋天償／加一八分憑他算／過期就動皮鞭揚。」其中末句「過期就動皮鞭揚」，不把動作完全寫盡，只寫出地主揚起皮鞭，下一個動作想當然爾是皮鞭落在佃農的身上；但歌中不把動作完全寫出來、彷彿就停留在揚起皮鞭的剎那，反而更讓人有眼見地主揚起皮鞭便不忍卒觀的惴慄感，留下無限想像空間予聞者，反而帶來深不可測的憐恤與哀嘆！

　　無論是因為口語使用的習慣、或是為了配合韻腳而做出的調整，蘇北歌謠的選詞用字，總能為歌謠帶來灑脫俐落的輕快感；另一方面，這些輕快俐落的用字，也立即活靈活現的將歌者心中的畫面、甚至是聲響都傳遞給聽聞

〔註93〕見《連雲港市歌謠集成》，頁926。

〔註94〕見《連雲港市歌謠集成》，頁926。

〔註95〕見《連雲港市歌謠集成》，同註9，頁929。

〔註96〕見《連雲港市歌謠集成》，頁931。

者，使得歌謠更形生動。

二、描摹細膩

　　蘇北歌謠雖然時有粗獷直率之作，卻也不乏細膩生動的描述。除了賦歌（如〈胡打算〉、〈自在人〉等）中以鋪敘見長的描述以外，短篇故事歌中於蘇北各地盛行的〈百草蟲弔孝〔註97〕〉（又名〈弔孝歌〔註98〕〉、〈小螞蚱歌〔註99〕〉、〈螞蚱算命〔註100〕〉、〈百蟲弔孝〔註101〕〉）；〈茶園大戰〔註102〕〉（又名〈青茶段〔註103〕〉）；中篇故事歌中的〈朱溫弒親〉、〈王剛畫畫〉及長篇故事歌中的〈水漫金山〉、以及雜歌中的〈觀燈〉、〈花會〉……等歌謠，無不是對於細節精心設想、極力描摹之作。

　　以〈百草蟲弔孝〉為例，歌中不但把所有辦理喪事的過程及一應人等所要負責的事務，與百草蟲本身的特色結合（或以其名為由、或以外形為因），串連出整個為小螞蚱辦喪事的過程；還順便把蘇北地方鄉間為紙紮人偶開光時所唱的訣術歌〈開光歌〉也一併融入其中；甚至連參與者的情感及神態都仔細描繪出來。如中國人向來在意卻疏離的翁婿關係、在五服之內卻情感遙遠的祖孫關係……等，在歌中都以簡明有力的字句展現無遺；一場喪事辦下來，眾人的神態嘴臉躍然紙上，有真哀傷（親舅舅，是「螻蜂」，哭天拂淚一窩蜂／親姑娘，「啞不都」，跑來急喊一百聲／蝙蝠連襟敞懷喘，高挑孝帳進靈棚／上書「痛念大喬去」，下墜「連襟泣拜敬」／「豆丹」姐姐來得晚，哭得打滾亂翻身）、假慇勤、奏哀樂、忙送行、急作茶、送大行……，各種情態應有盡有。整首歌曲雖然是說著昆蟲們治喪的過程，實際上是藉由歌謠在教導兒童：如何辦理最為中國人所忌諱、卻也最繁複的喪禮儀式。正由於有這一層的目的，所以歌中盡其所能的將整個治喪過程詳細開列，配合豐富的想像力與聯結力，將所有的昆蟲與治喪情境結合，完成一場熱鬧又哀戚的治喪大典。

〔註97〕見《邳縣歌謠集成》，頁206。
〔註98〕見《邳縣歌謠集成》〈喪事歌〉頁81。
〔註99〕見《銅山縣歌謠集成》，頁229。
〔註100〕見《新沂縣歌謠集成》，頁205。
〔註101〕見《連雲港市歌謠集成》，頁1190。
〔註102〕見《邳縣歌謠集成》，頁240。
〔註103〕見《銅山縣歌謠集成》，頁165。

又如另外一首以園裡的蔬菜為主角的歌謠，則是蘇北地方常見的〈菜園大戰〉，以擬人化的手法概述戰場上的激烈戰況，更令人有耳目一新的樂趣。別的不說，光看辣椒與薑的相爭（辣椒抱著生薑啃，反正你辣我更行）、北瓜與倭瓜的肉搏戰（北瓜抱著倭瓜打，兩個矮胖比誰兇），以及茄子（渾身烤得紫又青）、小黃瓜（黃瓜打得一身刺）、南瓜（南瓜打得裂開嘴）、西瓜（西瓜打得滿肚紅）的下場，就覺得這場大戰真是有看頭極了，不但色彩鮮豔、更重要的是戰場上慘烈的廝殺也寫得煞有戛事，就連醃漬物也有自己的應戰之道：「勺頭菜喊過雪裡蕻，跳進鹽缸躲刀兵」；也嚇得平民百姓如嬌弱的包心菜「繡樓躲，光衣服穿了幾十層」。整首歌謠細膩地把戰場情境與參戰者的心理描述傳達出來，令人在聽得起勁之餘，更記住了各種菜蔬的特徵，精彩的想像力如此馳騁，實在讓人不能不為之莞爾。

三、用喻貼切

民歌最讓人印象深刻者，莫過於鞭辟入裡的用喻與形容。無論是明喻、借喻、隱喻、略喻，其一針見血的文字運用，令人拍案叫絕，不可不謂是地方百姓智慧的共同結晶。

蘇北歌謠承襲蘇北民眾坦率直言的性格特色，在用喻量詞上尤其精準。如形容工作辛勞、兩腿無力：「抬罷大筐上了路，兩腿活像灌了醋！〔註104〕」，令人一聽到醋就酸得發軟；又如嘲諷連雲港地區垣商手下的把頭兇惡，就直陳其貌如惡犬、手上的算盤更是懾人：「魚把頭，坐地狗，算盤一響賽虎吼。〔註105〕」。至於徐州形容小妮子在家中的地位：「俺是娘的一枝花，俺是爹的賠錢櫃，俺是哥的瞪眼叉，俺是嫂的舌頭板，俺是奶奶的耳朵眼。〔註106〕」，真可謂是絕妙比喻！

論到地理環境的惡劣，則有歌謠描述邳縣沙荒地區黃沙遍地的艱困情況，單是微風，就可造成「微風三尺沙，黃土埋莊稼。」且平日裡只要一張口就滿嘴風沙，所以「老頭活到八十八，吃的黃土能埋他〔註107〕」。還有形容童養媳的伙食惡劣，已到了寡薄無料的地步，則唱道「喝的剩湯照人影兒

〔註104〕見《徐州市歌謠集成》〈煤礦歌謠 10〉，頁 14。
〔註105〕見《連雲港市歌謠集成》〈漁民沒得活路走〉，頁 1051。
〔註106〕見《徐州市歌謠集成》〈小紅襖〉，頁 247。
〔註107〕見《徐州市歌謠集成》〈沙荒民歌 1〉，頁 293。

〔註 108〕」讓人一聞可知；說到閨女爲重病的母親擔心難受，直哭如同「小刀鑽心〔註 109〕」般心疼。再如形容吃大煙能傾家盪產，歌中不說吃大煙如何花錢，但轉而形容煙具的神奇：

> 大煙燈，眞是明，照得多少富家翁，
>
> 大煙竿，尺半長，吸盡了家裡錢和糧。
>
> 大煙葫蘆頭也不大，樓田瓦舍都裝下〔註 110〕。

凡此種種，大多出現在生活歌與雜歌中，以精妙的譬喻令人聞之得其意，引起共鳴的例子多得不勝枚舉；但是要令人迴味再三，則不能不看情歌中的絕妙好辭。這些用於讚美、戀慕、及傳情遞意的情歌，或是直把情人比作「野菜」，認爲：「野菜苦呀家菜甜啦！」但是男子卻情願「我愛乾妹如野菜呀，人家嫌苦我說啊甜啦」〔註 111〕，充份表達出情人眼裡出西施的心情。或是以橋、水爲喻體，比擬男女之間堅定不移的感情：

> 妹妹開河哥修橋，橋戀河水水戀橋。
>
> 河水有橋連兩岸，哥妹有情心一條。
>
> 妹似流水情不斷，哥是橋椿不動搖。〔註 112〕

在歌謠中，把男與女、水與橋不斷反覆的或以喻體、或以本體來回比喻，在邏輯上處處成理，也可見歌者機智慧點之處。可謂是用喻精準的經典範例之一。類似以明喻手法寫作的例子還有還有形容情人之間緊緊牽繫：「哥是風箏妹是線，飛到天邊意相連」〔註 113〕；說情人間緊密結合：「哥似石灰妹似水，石灰見水筋骨碎。只要和妹在一起，粉身碎骨不後悔」〔註 114〕；說兩人情意堅定不移：「妹是一枝梅，郎是喜鵲飛，喜鵲登梅麼石也打不飛」〔註 115〕；永不變心：「一朵鮮花爬上牆，牆低花高迎風長。情哥到來掐了去，妹妹永不變心腸〔註 116〕」；描述男女雙方不言可知的情意默默相通：「裝作

〔註 108〕見《銅山縣歌謠集成》〈童養媳〉，頁 130。
〔註 109〕見《徐州市歌謠集成》〈五更瞧娘〉，頁 294。
〔註 110〕見《徐州市歌謠集成》〈大煙燈〉，頁 295。
〔註 111〕見朱守和、崔月明等人編《連雲港民間情歌》〈野菜苦家菜甜〉，（哈爾濱：北方文藝出版社，1999 年 1 月），頁 5。
〔註 112〕見《銅山縣歌謠集成》〈妹妹開河哥修橋〉，頁 111。
〔註 113〕見《銅山縣歌謠集成》〈情歌兩首之一〉，頁 107。
〔註 114〕見《銅山縣歌謠集成》〈情歌兩首之二〉，同上註。
〔註 115〕見《連雲港民間情歌》〈郎是喜鵲妹是梅〉，頁 3。
〔註 116〕見徐州市歌謠，頁 219。

低頭討水喝，低頭看見妹妹影。井水清清比蜜甜，妹妹流進哥心中」〔註 117〕。

除上述外，還有藉著「花船對」的問答〔註 118〕，用盡各種比喻（如小金蓮、紅辣椒、紅通通、花秫秸、紅公雞、小櫻桃、琉璃燈……等）來描述女子的情歌，都是足稱經典的精彩喻例，足以讓人玩味再三。

四、其他修辭

蘇北歌謠中還有許多巧妙的修辭法，自然且豐富，茲以情歌為主，各舉一到二例說明如下：

（一）反　襯

用百花的熱鬧盛開來反襯出有情人分離在即的孤寂淒清：

送君送到百花亭，妹妹無言難捨情。

鳥語花香情難捨，萬分難捨有情人。

送君送到百花路，心比黃蓮還要苦。

只因淚灑相思地，花草歲歲帶露珠。

送君送到百花江，花好哪有百日香？

天邊一隻失群雁，獨自徘徊受淒涼。

送君送到百花洲，妹妹拉住郎的手，

今日妹把情郎送，不知何時再回頭。〔註 119〕

又如女子送丈夫遠行，兩人即將分離，但是映入眼簾的卻是成雙成對的景象：「送郎送到大門外，門前荷花並蒂開」；「男女下田成雙對，妹妹和郎要離分」〔註 120〕。

（二）象　徵

「花船調」中除了直接以具體物件比喻女子以外，也將抽象的概念來象

〔註 117〕見《銅山縣歌謠集成》〈井台〉，頁 112。
〔註 118〕如銅山縣〈一只花船〉、新沂縣〈花船調〉、連雲港〈四只小船漂四方〉、〈八幫舟船〉等。
〔註 119〕見《銅山縣歌謠集成》〈送情郎 2〉，同註 4，頁 117。
〔註 120〕見《銅山縣歌謠集成》〈送郎〉，同註 4，頁 119。

徵女子在男子心目中的地位。如：

> 什麼叫蘿蔔什麼叫蔥？什麼又叫女花容？
> 青頭蘿蔔白頭蔥，乾妹子就叫**女花容**。〔註121〕

> 什麼是文章什麼是詩？什麼是那長相思喲？
> 字多文章字少詩，乾妹就是**長相思**〔註122〕。

> 什麼是條子什麼是釘？什麼是呀疼揪心？
> 長的是條子短的是釘，乾妹就是**疼揪心**。

> 什麼是茄子什麼是椒？什麼是呀小姣姣？
> 紫青是茄子紅的是椒，乾妹就是**小姣姣**。

> 什麼是驢子什麼是牛？什麼是呀疼不夠？
> 沒角是驢子有角是牛，乾妹是呀**疼不夠**〔註123〕。

（三）轉　化

前文所述「描摹細膩」的例子〔註124〕皆是屬於成功的擬人法之例；此外蘇北歌謠中最常見到轉化的例子以「怕字歌」類為主〔註125〕。其中如睢寧縣〈新怕字歌〉〔註126〕：「鼠怕貓，兔怕鷹，鼻子就怕氣不通」；「肚子就怕不吃飯，頭腦就怕不清醒」、「棉花就怕蚜蟲咬，玉米就怕鑽心蟲」；新沂縣〈怕字歌〉〔註127〕：「天怕浮雲地怕荒，人怕老病物怕傷」；「霜怕炎日水怕曬，豬怕屠刀羊怕狼」；「老鼠怕貓貓怕狗，牆怕老鼠風怕牆」，都是類似應用轉化手法寫作的常見例子。

（四）婉　曲

儘管蘇北百姓情感獷達率直，但也不乏婉曲含蓄的表達方式。如女子勸

〔註121〕見《銅山縣歌謠集成》〈送情郎2〉，同註4，頁117。
〔註122〕見《連雲港民間情歌》〈四只花船飄四方〉，同註11，頁5。
〔註123〕見《連雲港民間情歌》〈八幫舟船〉，同註11，頁6。
〔註124〕如〈菜園大戰〉、〈百草蟲弔孝〉等。
〔註125〕如銅山縣〈二十五怕〉、〈十三怕〉、睢寧〈新怕字歌〉、〈十二月講實話〉、連雲港〈十怕〉、新沂〈怕字歌〉等。
〔註126〕見《睢寧縣歌謠集成》〈新怕字歌〉，同註6，頁144。
〔註127〕見《新沂縣歌謠集成》〈怕字歌〉，同註118，頁141。

丈夫莫要貪戀外地女子，不直接叮嚀丈夫別變心，但言「莫學蜜蜂亂採花，野花再好也要敗。」〔註 128〕又如想要隨時與情人相伴，不直言長相廝守，但言「我願化作光一束，輕輕來到妹身旁。」〔註 129〕最常見的婉曲之語，當屬在梁祝故事歌謠中，祝英台對梁山伯的婉轉暗示：「走罷一河又一河，河心裡邊有白鵝，前面的公鵝開屏走，後邊的母鵝緊跟著。」〔註 130〕；「走罷一庄又一庄，庄庄小狗叫汪汪。不咬前邊的八寶男子漢，單咬後邊的女紅裝」〔註 131〕……等，都是婉曲的表現手法。

（五）雙關語

鍾敬文先生在其〈歌謠之一種表現法——雙關語〉一文中指出：「雙關語，是詞在此而意在彼，借別的詞以顯他的內意，中間最緊要的條件，便是二者聲音的相同或相似。」〔註 132〕

蘇北歌謠中以雙關語表現的內容很多，如銅山縣歌謠作如是唱：

> 哥似蜘蛛把網結，妹似飛蟲網裡落。
>
> 橫是絲來豎是絲，根根連著妹和哥。〔註 133〕

這首歌所以有趣，不僅在於其用喻巧妙，將女子與情人的緊密連結以蜘蛛網上的飛蟲與蜘蛛絲來比喻；更由於「絲」與「思」的諧音雙關，讓人一聞可知女子「橫是『思』來豎是『思』」，時時刻刻把情人放在心上，更顯得兩人在心理上早已是密不可分了。再如描寫兩人的情意緊扣：「哥哥撒網一片片，全是妹妹手上線，情絲如網緊緊扣，艙滿兩人就相見」〔註 134〕，也是一個將絲比思的鮮活例子。

又如說兩人相互中意，愛慕彼此優點：「荷花愛藕藕愛蓮，俺愛哥哥哥愛俺。荷花愛藕心眼好，藕愛荷花出水鮮」〔註 135〕，其中的「藕」是「偶」的雙關，藉此喻彼的企圖明顯。

生活歌中也有雙關語的妙例。如連雲港歌謠〈十怕〉將雙關語使用得最

〔註 128〕見《銅山縣歌謠集成》〈送郎〉，頁 119。
〔註 129〕見《銅山縣歌謠集成》〈情哥情妹情意長〉，頁 107。
〔註 130〕見《銅山縣歌謠集成》〈十八里相送〉，頁 314。
〔註 131〕同上註。
〔註 132〕見鍾敬文撰〈歌謠之一種表現法——雙關語〉，收錄於鍾敬文編《歌謠論集》，見《民國叢書》第四編第六十卷，（上海：上海書局，1989 年），頁 109。
〔註 133〕見《銅山縣歌謠集成》〈根根連著妹和哥〉，頁 111。
〔註 134〕見《連雲港民間情歌》〈情絲如網扣扣緊〉，頁 17。
〔註 135〕見《邳縣歌謠集成》〈荷花愛藕藕愛蓮〉，頁 122。

令人拍案：

> 子怕一，
> 妻怕二，
> 老牛怕山（三）、
> 肉頭怕事（四），
> 吊死鬼怕梧（五），
> 當龜怕綠（六），
> 小賊怕緝（七），
> 破草鞋怕拔（八），
> 筋骨痛怕灸（九），
> 疽瘡怕涇（十）。〔註136〕

此處不但將老牛、破草鞋、筋骨痛、疽瘡轉化以擬人；更運用了雙關語的趣味使得所有的描述一針見血，可以說是雙關語的極致。

第三節　展現方言特色

民歌是語言的藝術。民歌藉由方言的特色展現出地方特有的風貌與性格，其中包涵了方言語音的差別、音調的變化與用語詞彙的不同。以蘇北地方而言，徐州市與連雲港市兩大北部城市，使用的語言分別為中原官話中的洛徐片與鄭曹片〔註137〕，其各自特色尤其在以方言唱出歌謠時分明可聞，難怪民初學者錢玄同等人，認為「歌謠是方言的文學」〔註138〕。

無論是洛徐片的徐州方言或是鄭曹片的海州方言，兩者在語言詞彙的使用上多有共通之處。在語音上，洛徐片憨戀、鄭曹片軟暖；但是在用字上，兩者都有使用ㄦ化音的習慣。本節將分兩個部份，分別整理介紹蘇北歌謠研

〔註136〕見崔月明等編《海州童謠》〈十怕〉，頁160。

〔註137〕至今仍有部份資料認為海州方言為所謂江淮官話、北方官話等說法，然以上說法現今已不再使用。自1980年代之後，中國各地語言區分多以《中國語言地圖集》中所定名為準。參見本文第貳章第二節，以及 http://zh.wikipedia.org/zh-tw/%E5%8C%97%E6%96%B9%E5%AE%98%E8%A9%B1

〔註138〕見劉錫誠著《20世紀中國民間文學學術史》，（河南：河南大學出版社，2006年12月），頁90。原文如下：「……他們（指錢玄同、沈兼士、魏建功、林語堂、董作賓等人）的學術理念是：歌謠是方言的文學，歌謠是語言學的材料，格謠的搜集寫作一定要用拼音記錄方言方音。」

究中，特殊用詞的發音及意義；以及針以對蘇北方言中ㄦ化音的作用及特色舉例說明。

一、特殊語詞音義

在筆者所整理的一千六百餘首蘇北歌謠中，多有蘇北地方獨有的方言詞彙，就此將以注音符號的排序爲次，一一以國際音標舉例註記如下：

1. 標〔pio²¹³〕愛打扮，講標致。

   例：十月梅桃雪花飄，二小妹捎信要皮襖，伸手攬在懷，妹來，你怎這麼標！〔註 139〕

2. 媽媽〔ma²¹³ ma⁰〕：乳房。

   例：花老鴰，白脖子，張三娶個老婆子，腳又小，臉又白，兩個媽媽打油錘〔註 140〕。

3. 麻利〔ma⁵⁵ li⁰〕：動作迅速敏捷。

   例：左手拿著酥燒餅，右手拿著蘇州梨。叫聲媳婦麻利吃，老娘看見了不得〔註 141〕。

4. 嬤嬤〔ma³⁵ ma⁰〕：老太婆。

   例：老嬤嬤背著黑豆撒一地，十（拾）道（到）黑〔註 142〕。

5. 馬蝦〔ma³⁵ çi ɑ²¹³〕：蝦。

   例：雞冠子，拌馬蝦，綠豆芽，調黃瓜〔註 143〕。

6. （毛）子〔mɔ²¹³ tsʅ〕：徐州人稱海州人爲（毛）子，以其說話時口音〔mɔ²¹³ mɔ²¹³〕的。

   例：八勸我郎八不該，不該留在炮車街，海州毛子住一晚，楊梅大瘡弄身來。郎哥來，大瘡弄身誰替害〔註 144〕？

7. 毛〔mɔ⁵⁵〕：用於稱四到六歲的小孩。

〔註 139〕見《邳縣歌謠集成》〈十月梅桃歌〉，頁 90。
〔註 140〕見《銅山縣歌謠集成》〈花老鴰白脖子〉，頁 227。
〔註 141〕見《邳縣歌謠集成》〈花喜鵲〉，頁 252。
〔註 142〕見《銅山縣歌謠集成》〈十道黑〉，頁 303。
〔註 143〕見《銅山縣歌謠集成》〈小蜜蜂〉，頁 244。
〔註 144〕見《邳縣歌謠集成》〈十勸郎〉，頁 173。

例：掐、掐，掐毛小，掐得小孩往家跑〔註145〕。

8. 麵〔miæ̃⁴²〕：粉狀物。

例：小拐磨，圓又圓，能推米來能拐麵。今天輪到我的手，推上幾包五香麵〔註146〕。

9. 達達〔ta²¹³ta⁰〕：或作「大大」，指父親。

例：你要真心對我好，我摘石榴你莫打岔，快點走不要再撞見我大大〔註147〕。

10. 扚〔tɔ³⁵〕：用細長的用具夾。

例：伸筷去刁（扚），蒼蠅來奪。有心去追，擔誤了幹活〔註148〕。

11. 刀〔tɔ³⁵〕：卷、包，爲量詞。

例：兩刀火紙，點上蘇金〔註149〕。

12. 搗〔tɔ³⁵〕：吃（貶意）。

例：（餃子）包得大，老婆婆罵；包得小，老婆婆吵，包得不大不又不小，老婆婆一口都搗了〔註150〕。

13. 蛋〔tæ̃⁴²〕：陰囊。

例：人之初，性本善，黑狗咬了黃狗蛋〔註151〕。

14. 腚〔tiŋ⁴²〕：臀部。

例：南邊來了大黃狗，照腚咬一口〔註152〕。

15. 添〔tʼiæ̃²¹³〕：生（孩子）。

例：人死了一張蘆席，添孩子大人淚流〔註153〕。

16. 孬〔nɔ⁵⁵〕：粗劣，不好。

例：這樣的日子再說孬，除非良心餵了狗！〔註154〕。

〔註145〕見《新沂縣歌謠集成》〈掐毛小歌〉，頁155。
〔註146〕見《邳縣歌謠集成》〈五香麵歌一〉，頁164。
〔註147〕見《連雲港情歌集成》〈姐在南園摘石榴〉，頁128。
〔註148〕見《連雲港市歌謠集成》〈千揶萬揶〉，頁933。
〔註149〕見《連雲港市歌謠集成》〈扣子〉，頁1185。
〔註150〕見《銅山縣歌謠集成》〈倆妞對歌〉，頁233。
〔註151〕見《新沂縣歌謠集成》〈人之初〉，頁183。
〔註152〕見《新沂縣歌謠集成》〈小紅孩〉，頁200。
〔註153〕見《連雲港市歌謠集成》〈灶民十嘆〉，頁1050。

17. 拉呱〔la⁵⁵ ku⁰〕：扯淡、閒聊。

例：二人都生女娃娃，叫她倆一個針線筐做活把呱拉〔註155〕！

18. 撈〔lɔ²¹³〕：偷拿、順手拿。

例：圓的葫蘆，鋸開的瓢，乾妹妹就叫沒撈到〔註156〕。

19. 烙饃〔luə²¹³ mə⁵⁵〕：烙餅、烙饃饃、單餅。

例：小乖醒了，媽烙餅了〔註157〕。

20. 羅鍋子〔luə⁵⁵ kuə⁵⁵ tsl〕：駝背，又叫「羅鍋腰」、「背鍋」。

例：姑娘命不好，嫁個羅鍋腰〔註158〕。

21. 琉琉崩兒崩兒〔liou⁵⁵ liou⁵⁵ pə̃r⁵⁵ pə̃r⁰〕：玩具，或作「琉璃蹦兒蹦兒」，用極薄的玻璃做成的長頸瓶，可吹響。

例：琉璃蹦兒蹦兒搭戲台，搭的搭，玩的玩〔註159〕。

22. 砸〔tsɑ⁵⁵〕：敲打。

例：婆婆腳踢手又扭，逼俺砸凍去洗衣〔註160〕。

23. 在行〔tsɛ⁴² xɑŋ⁵⁵〕：內行。

例：今天主人來開光，我開光開到了腦門上，我開到了腦門你智力強，考你問題你在行〔註161〕。

24. 四角梅〔s⁴² tɕyə²¹³ me⁵⁵〕：四季豆。

例：園邊爬棵四角梅，扯扯拉拉到雲南〔註162〕。

25. 治〔tʂʅ⁴²〕：整治。

例：費盡心血把家治，而今田地上了千〔註163〕。

26. 拾子子〔ʂʅ⁵⁵ tsl³⁵ tsl⁰〕：抓、拋小沙包或小石子的遊戲。

〔註154〕見《銅山縣歌謠集成》〈除非良心餵了狗〉，頁35。
〔註155〕見《銅山縣歌謠集成》〈大姐二姐拾棉花〉，頁153。
〔註156〕見《新沂縣歌謠集成》〈花船調〉，頁67。
〔註157〕見《海州童謠》〈哄小乖〉，頁241。
〔註158〕見《徐州市歌謠集成》〈油菜花〉，頁267。
〔註159〕見《銅山縣歌謠集成》〈琉璃蹦兒蹦兒搭戲台〉，頁193。
〔註160〕見《邳縣歌謠集成》〈哭五更〉，頁200。
〔註161〕見附錄光碟，2010年1月採錄，張世龍唱〈開光歌〉。文字可見附錄〈2010徐州歌謠採錄分鏡表〉。
〔註162〕見《銅山縣歌謠集成》〈摘梅豆〉，頁6。
〔註163〕見《銅山縣歌謠集成》〈胡打算〉，頁183。

例：〈拾子歌〔註164〕〉

27. 秫秫〔ʂu⁵⁵ ʂu⁰〕：高粱。

例：高的是秫秫，矮的是芝麻〔註165〕。

28. 秫秸〔ʂu⁵⁵ tɕiɛ²¹³〕：高粱桿子，也指高粱。

例：紅秫秸，桿子粗，您穿紅襖俺穿綠〔註166〕。

29. 餶〔sɑ⁵⁵〕：用雞肉、麥仁等煮的湯，是徐州的特色名食。

例：金良家爹，金良家娘，金良有病燒餶湯〔註167〕？

30. 刷把子〔ʂuɑ²¹³ pa⁵⁵ tsl̩⁰〕：用高粱頭札的刷鍋工具。

例：刷把子，琉璃燈，一棵秫秫打半升〔註168〕。

31. 騸〔ʂæ̃⁴²〕：閹割。

例：騾子騷馬好烈性，騸馬草驢拉磨碾〔註169〕。

32. 着〔tʂaŋ55〕：放。

例：多着油，多着薑，花椒茴香都着上〔註170〕。

33. 日〔zl̩²¹³〕：交合。

例：日你娘，光撢可不能擔誤了活〔註171〕！

34. 繞〔zɔ⁴²〕：滑頭。

例：小毛丫，別要繞，八月十五來人要〔註172〕。

35. 澆〔tɕyɔ²¹³〕：淋上、拌入。

例：小菜盤多澆糖蒜汁，還想金山寺的鹽豆子〔註173〕。

36. 鉸〔tɕyə³⁵〕：剪。

例：一把剪刀多有用，能鉸龍，能鉸鳳〔註174〕。

〔註164〕見《邳縣歌謠集成》〈拾子歌〉，頁234。
〔註165〕見《邳縣歌謠集成》〈梁祝下山〉，頁222。
〔註166〕見《銅山縣歌謠集成》〈紅秫秸〉，頁162。
〔註167〕見《徐州市歌謠集成》〈小白雞〉，頁352。
〔註168〕見《新沂縣歌謠集成》〈正月十五放刷把子歌〉，頁64。
〔註169〕見《新沂縣歌謠集成》〈胡打算〉，頁233。
〔註170〕見《徐州市歌謠集成》〈小白雞〉，頁352。
〔註171〕見《邳縣歌謠集成》〈王五〉，頁157。
〔註172〕見《睢寧縣歌謠集成》〈小毛丫，別要繞〉，頁130。
〔註173〕見《睢寧縣歌謠集成》〈自在人〉，頁164。
〔註174〕見《邳縣歌謠集成》〈一把剪刀多有用〉，頁7。

37. 謽〔tɕiaŋ⁴²〕：回嘴，強辯。或作「強」。

例：就該打，就該罵，你敢反謽我打謽嘴巴〔註175〕。

38. 妮子〔ni²¹³ tsl̩⁰〕：女孩子；也作小妮子。

例：黑妮長到十五歲，黑爹黑娘犯了愁〔註176〕。

39. 蝎虎子〔ɕiə²¹³ xu³⁵ tsl̩⁰〕：壁虎。

例：蝎虎子、山水牛、舍衝、毛蟲和油蟲〔註177〕。

40. 擱〔kə⁵⁵〕：放。

例：擱得矮，怕老婆瞎眼踩〔註178〕。

41. 給〔ke⁵⁵〕：讓、允許。

例：我窮人處處無奔頭，不如下滿州，去把工人夠，老老小小拉著不給走〔註179〕。

42. 管〔kuæ̃³⁵〕：（1）能、能幹；（2）一定。

例：（1）你多管、你多得，你走過南、闖過北〔註180〕。（2）假如使了兩年半，歪尖掉鼻咱管換〔註181〕。

43. 砍空兒〔kʻæ̃³⁵ kʻũr²¹³〕：撒謊、吹牛，也稱說空。

例：我說空，就說空〔註182〕。

44. 糊塗〔xu⁵⁵ tu⁰〕：麵糊。

例：黃沙飛土迷死眼，糊塗湯子撐死人。〔註183〕

45. 花喜鵲〔xua²¹³ ɕi³⁵ tɕʻyə²¹³〕：喜鵲。

例：花喜鵲，尾巴長，娶了老婆忘了娘〔註184〕。

46. 月姥娘〔yə²¹³ lɔ³⁵ n̩iaŋ⁰〕：月亮。

例：月姥娘，八丈高〔註185〕。

〔註175〕見《邳縣歌謠集成》〈嫌媳歌〉，頁183。
〔註176〕見《銅山縣歌謠集成》〈九十九道黑〉，頁266。
〔註177〕見《連雲港市歌謠集成》〈百蟲弔孝〉，頁1191。
〔註178〕見《海州童謠》〈小板凳〉，頁221。
〔註179〕見《連雲港市歌謠集成》〈窮人嘆〉，頁1040。
〔註180〕見《邳縣歌謠集成》〈你多管〉，頁252。
〔註181〕見《邳縣歌謠集成》〈賣針謠〉，頁160。
〔註182〕見《新沂縣歌謠集成》〈說空〉，頁212。
〔註183〕見《徐州市歌謠集成》〈沙荒民歌4〉，頁294。
〔註184〕見《海州童謠》〈花喜鵲〉，頁58。

47. 歪〔uɛ²¹³〕：斜躺著小睡。

例：小妹歪歪，菊花開開〔註186〕。

48. **圓墳**〔yæ⁵⁵ fɔ⁵⁵〕：添土把墳頭培圓實。

例：三天圓過墳，再也無人到〔註187〕。

二、蘇儿化字的使用狀況

蘇北歌謠中，有許多使用儿化字的例子；然而依各地實際使用的習慣，大致可知儿化字的使用差異，隨都市化程度高低產生差異：以徐州市爲例，市區及環市的銅山縣，居民日常用語中使用儿化字的比例較高；至於距市區越遠，儿化字的使用頻率越低；到了豐縣、沛縣等地，居民發音位置較低、明顯偏於喉音，語聲沉濁，不像都市地區的語音清脆俐落。儿化字的使用與否，成爲展現蘇北各地方言細微差異的表徵之一。

儿化字的使用在蘇北地區主要具有以下兩項功能，其一爲語法功能；其二是作爲修辭之用。先敘語法功能。

以語法功能而言，儿化字可以構成詞彙、也可以區別詞義；其三則具有轉品作用。

所謂「構成詞彙」的方式，意指在原有字、詞之後加上「兒」字，則形成一個完整詞彙。這些儿化詞如果去除了「兒」字則沒有意義；或可直言「無此說法」。如「拉呱」，在文字記錄上或只作「拉個呱」，然在口語中實讀爲「拉個呱兒」，意爲「聊一會兒天」、或「扯一會兒淡」。又如「豆腐腦（豆花）」，蘇北方言中讀爲「豆腐腦兒」；「老伴」讀爲「老伴兒」；「砍空」讀爲「砍空兒」。這些字詞在蘇北生活圈中已成爲約定俗成的語言習慣；不過在不常使用儿化字的地區，則可能直接將帶有儿化字的詞組替換爲其它詞彙，如將「砍空兒」改爲「扯淡」；以「老孃孃」替代「老嫚兒」等。另一方面，各地歌謠集成中囿於文字書寫習慣，未必完全體現出蘇北方言的用語習慣，是以在欣賞時仍需視該地區固有的語言習慣表現之。

至於「區別詞義」的作用，是以詞彙是否加入「兒」字決定詞義。有些字彙本身已有意義；然於詞末加入兒字後，則形成不同的意思。如「眼」，原

〔註185〕見《銅山縣歌謠集成》〈月姥娘，八丈高〉，頁187。
〔註186〕見《海州童謠》〈小妹歪歪〉，頁226。
〔註187〕見《連雲港市歌謠集成》〈養兒歌〉，頁1054。

指眼睛；加入兒字形成「眼兒」後，則有「洞眼」的意思；又如「師父」是指「老師」；「師父兒」則是稱有專門技藝者；「子」原為子嗣，「子兒」則是指小錢。「頭」指人的頭顱；「頭兒」則是指首領；「麵」為麵粉，「麵兒」則指粉狀物，如「五香麵兒」就是指五香粉；「玩」字在蘇北如若獨用，具有貶意，指「玩弄、欺侮」，「玩兒」則是指遊戲；「後門」是具體的名詞，「後門兒」則指不可告人的途徑。

　　儿化字在語法上的另一作用，是為轉品。加入「兒」的字詞，其詞性即發生轉變。其間或有動詞轉名詞；或有名詞轉形容詞；其轉變不一而足，端視語言習慣而定。例如：「滾」→「滾兒」：「就地來了十八滾（兒），轉眼娑成一座墳〔註188〕。」「掃」→「掃兒」：逗蟋蟀的草；「唱」→「唱兒」：曲子。

　　至於儿化字的修辭功能方面，當蘇北方言中加入「兒」字作為修辭作用時，具有以下三種含義：分別是微小；親愛；貶低。

　　　（1）作「微小」義：「王小（兒）賣豆腐，賣得不夠本，到家打媳婦〔註189〕」；「小螞蚱兒路旁飛，餓了吃個路旁草，渴了喝個路旁水〔註190〕」；「小板凳兒歪歪，裡邊坐個乖乖〔註191〕」。

　　　（2）作「親愛」義：「老頭兒吃，老嬤兒看〔註192〕」。

　　　（3）作「貶低」義：「小日本兒，提涼水兒〔註193〕」；「老鷹鳧水兒，鳧著小鬼兒〔註194〕。」

　　蘇北儿化字的不同於一般京片子之處，在於儿化字因已與前字結合成韻，因此在詞組中可以連用。如：「小巴兒狗兒〔註195〕」；「小紅車，吱吱楞，嗡兒嗡兒到北京〔註196〕」；「琉璃崩兒崩兒」。

　　方言運用展現出蘇北歌謠鮮活靈動的特質，同時也表現出蘇北社會爽脆俐落的話語趣味。聽蘇北歌謠的同時，也欣賞了蘇北方言嗆辣直冽的快意，

〔註188〕見《連雲港市歌謠集成》〈百蟲弔孝〉，頁1192。
〔註189〕見《銅山縣歌謠集成》〈王小兒賣豆腐〉，頁257。
〔註190〕見《銅山縣歌謠集成》〈小螞蚱歌〉，頁329。
〔註191〕見《銅山縣歌謠集成》〈小板凳2〉，頁234。
〔註192〕見《銅山縣歌謠集成》〈小巴兒狗〉，頁224。
〔註193〕見《銅山縣歌謠集成》〈小日本提涼水〉，頁258。
〔註194〕見《銅山縣歌謠集成》〈小白雞1〉，頁198。
〔註195〕見《銅山縣歌謠集成》〈小巴兒狗〉，頁224。
〔註196〕見《銅山縣歌謠集成》〈小紅車〉，頁226。

這正是蘇北歌謠的獨到之處。

綜觀蘇北歌謠可知，蘇北地區先天環境的惡劣、同時又具有重要的戰略地位，成百姓謀生不易、兵戈連年，卻也養成人際之間患難與共、相互扶持、誠信爽直的性格特色，以之表現於歌謠中，隨處可見的就是濃烈鮮明的情感，無論喜、怒、哀、樂，都顯得直接而真實；這些鮮活靈動的情感、以生動貼切的用字及修辭歌出，彰顯出蘇北地區人民性格的特有風情。再兼配以蘇北地區直冽勁道的方言及清脆的儿化字，更將蘇北歌謠中爽利快意的特色披露無遺。

第四節　蘇北歌謠與民間故事

在眾多的蘇北歌謠中，有許多具有故事性的描寫。這些描寫或是以簡單的詞彙出現在句子裡；或是以整首歌謠的篇幅來唱述一則故事。此外，少數以歷史人物為主題傳唱出來的歌謠中，也可檢索出民間故事中的情節單元。無論是哪一種，其背後所帶出的蘇北民間故事，都富有民間文學的生機與趣味；也可與全國乃至世界各地的民間故事相互引述，一窺不同載體下，民間文學的多元趣味。本節將把蘇北歌謠中所涵藏的民間故事或相關的情節單元逐一整理於後。

一、歌謠中出現的故事類型

蘇北歌謠中，其內容可比對出相應的故事類型者，本單元將提出其分類型號、原類型大意如下。

（一）〈袁小拖笆〉、〈吃黃梨〉

連雲港歌謠中的〈袁小拖笆〉〔註197〕，講述袁家的小孫子，發現父母（袁圖與李榮花）把祖父母用拖笆拉進山裡、打算讓二老被野獸吞食後，不但去山裡拉回了兩位老人，還故意留存父母用來拖走祖父母的拖笆；甚至告訴父親，日後也要用拖笆把父母拖到海邊任由魚蝦吞食。此語一出，警醒了不孝的袁父，從此洗心革面，善待父母至終。

這則歌謠中所唱的故事，是民間故事類型索引中 980 號故事類型〔註198〕。

〔註197〕相關介紹請見本文第伍章第三節〈傳說故事歌‧中篇故事歌〉。
〔註198〕該類型的定義是：「兒子一言驚醒父親，從此孝養祖父」。見金師榮華著《民

該類型的大意是：

　　父親叫兒子幫他用籮筐把老祖父抬進深山拋棄，兒子要帶回籮
筐，因為將來可抬父親。於是父親覺悟，決定抬回祖父，好好供養。

這樣的類型在徐州市歌謠〈吃黃梨〉〔註199〕中也有出現，歌中不孝子對
妻子打算著要怎麼處理年老的母親：

　　單等老媽媽百年之後，
　　孩的娘啦，看雜兩人怎麼處理。
　　咱家來還有個破櫃子，
　　把老媽媽裝進櫃子裡，抬進北山去。
　　狼吃啦狗拖了，
　　也了卻了咱一件心事，哪呀嗨欸。

這打算被小孫子聽到，於是依樣畫葫蘆地對不孝子說：

　　俺爸爸啦，把俺奶奶用破櫃子抬到北山裡，
　　破櫃子還得抬到咱家裡。
　　……
　　單等您倆人死亡過，
　　拿破櫃子抬到北山去。
　　把您扔到山傍裡。
　　我的爸爸啦，
　　太陽曬得發發的，老鷹叼您不費勁。
　　狗要啃您不費力氣。一那嗨欸。

不過在〈吃黃梨〉中並沒有不孝子因此幡然悔悟的情節，只以評語唱出
戒喻：

　　同志們，光陰似箭過得快呀，
　　千萬別學哪些不孝順的壞東西呀。一咳欸。

（二）〈胡打算〉

本歌見於徐州市各地〔註200〕。故事敘述婦人胡打算，與夫婿木德茂過著

間故事類型索引》，共三冊，（台北：中國口傳王學學會，民96年2月），中
冊，頁418。
〔註199〕見《徐州市歌謠集成》，頁296；《睢寧縣歌謠集成》，頁168；《邳縣歌謠集成》，
頁256；《新沂縣歌謠集成》，頁229。
〔註200〕詳見本文第伍章第三節〈傳說故事歌‧長篇故事歌〉。

寅吃卯糧的日子。一日胡打算在湖邊看到一窩小雞，順手偷了一隻回家飼養；沒想到小雞長成後下了一窩蛋，讓胡氏驚喜之餘，開始盤算要如何運用這一窩蛋：首先以蛋孵雞、等一窩雞都長大之後、再以賣雞的錢買隻小豬來養；當小豬成了大豬、屠殺販賣後再增養小驢；驢大賣錢後，以所得的價金更可以轉置田產。

胡氏又盤算著，只要善用地力多元栽植，田地裡的出息可以富家；之後營收足可以起屋造房、享受娛樂；……，甚至要成為地方上的富室名人都不是難事。

正當胡氏沉迷在自己的富豪白日夢裡滿足得吃吃而笑時，吵醒了睡在身邊的丈夫木茂德。木茂德一氣之下不由分說，把胡氏放在床上的雞蛋全部打破，登時擊碎了胡氏的富貴夢。胡打算痛苦之際上吊自盡；到了地獄才發現自己陽壽未盡，被判官發回陽間；還陽後仍舊得面對現實，照樣過著艱困的日子。

這則歌謠中所敘述的故事，在民間故事中也可見到，屬於「笨丈夫和笨妻子」故事中編號為 1681D〈傻瓜的白日夢〉的類型，其大意是：

> 一人撿到幾個硬幣或一些如雞蛋之類的小東西，便做起了如何因此而發財幸福的美夢。但是卻不小心打破了別人的鍋子，不得不用撿來的錢去賠償；或是失手把撿到的雞蛋跌碎了。有些故事是說，一人去打獵，發現一個小獵物時，便夢想將因之獲利發財，但一不小心卻把小動物驚走了〔註201〕

這個類型的故事，不但在陝西、河南及湖北可見，在印度及阿拉伯也曾出現。值得注意的是，〈胡打算〉因為從頭到尾都是胡氏一人的白日夢，所以不能歸於故事類型中 1430 號「夫妻共作白日夢」〔註202〕。

（三）〈古邳城〉

收錄於《邳縣歌謠集成》中。歌中描述古邳城的繁榮與富庶〔註203〕。

歌謠中的古邳城於康熙七（西元 1668）年農曆六月間因地震沉陷、隨逢大雨而成一湖。《徐州府志》所引述之《舊州志》：「……康熙七年六月地震（黃）河溢，城圯於水。今之趙城驛，俗稱舊邳是也。」〔註204〕。至今在

〔註201〕見金師榮華著《民間故事類型索引》中冊，頁 603〜604。
〔註202〕見上註頁 604 之說明。
〔註203〕相關內容請參見本文第陸章第一節〈雜歌‧地方傳說歌〉。
〔註204〕見趙明奇主編〈徐州府志‧古蹟考〉，《徐州府志》，（北京：中華書局，2001

邳州與睢寧等地，因此出現許多與沉城有關的傳說故事。這些傳說一方面傳達了古邳城的神秘感、另一方面則反應出古邳下陷時，多數人民身家財產來不及攜出逃離、只得隨沉城沒入水中的慘狀；所以才會有古邳城滿是金銀珠寶之說〔註 205〕。

以〈下邳城六十年一觀〔註 206〕〉為例：傳聞下邳（就是古邳）沉了之後，每六十年才會浮上地面一次；城中滿是金銀珠寶，只有得到特殊鑰匙的人才能進入取寶。有一個別寶回子〔註 207〕發現認出了某名賣柴火人挑的扁擔就是開下邳城的鑰匙，要求賣柴者相讓；賣柴者心覺有異，逼問之下才知道自己的扁擔竟就是開下邳沉城的鑰匙，於是決定進入六十年一見的下邳城取寶。

賣柴人用扁擔開啓城門、進入浮出來的古邳城之後，眼見處處都有睡著的人與財寶，雖然想起別寶回子所說：這些看似睡著的人其實都已一命歸西，但是他還是不敢隨意奪取他人財物；最後眼見一個時辰的時限將屆，只好隨手拎了一隻沒人要的鍋跑出古城，「才出城門，就聽『咣噹』一聲落了鎖，他轉臉一望，一江帶水都是水，這下古邳城六十年一現就過去了。」〔註 208〕

賣柴的頂著鍋往回走，走累了把鍋往地上一擱，「毀了，鍋兒散板了。怎麼的？擱水裡泡多少年了，都鏽毀了……他什麼也沒撈到，還把扁擔忘城裡去了，那是他沒有這個命擔金銀珠寶」〔註 209〕。

在這個故事中得到特殊鑰匙能開古邳城大門的情節，與民間故事類型599號「開啓寶山的鑰匙」相類，該類型故事的大意如下：

> 藏有財寶的大山必須用一個特別的黃瓜、南瓜或某一物品，如一把特別的金鑰匙等才能打開。主角通常只進入一次，因爲出來時沒有把鑰匙帶出來。或是善心的窮人得到金子後，貪婪的財主也去取，但因爲貪心，一直在裡面取，時間一到，山關了起來，把他關在裡面了。〔註 210〕

至於在古邳城下沉的徵兆方面，也有不同的傳說與故事，包括〈羊山與

　　年），頁 1058。

〔註 205〕見白庚勝總主編《中國民間故事全書‧江蘇徐州市分卷》，共七冊，（北京：知識產權，2007 年 6 月），《睢寧卷》頁 147～150；

〔註 206〕見白庚勝總主編《中國民間故事全書‧睢寧卷》，頁 154。

〔註 207〕指專門尋寶的人。

〔註 208〕見白庚勝總主編《中國民間故事全書‧睢寧卷》，頁 154。

〔註 209〕同上註。

〔註 210〕見金師榮華著《民間故事類型索引》上冊，頁 228。

羊山廟〉及〈獅子眼紅沉下邳〉。

〈羊山與羊山廟〉的大意是說，在古邳下沉之前的某一夜，一隻小羊頻頻打擾念經中的老和尚。老和尚為了要將羊攆回主人家，索性隨著小羊走出廟裡。老僧隨著小羊走到山上，「就覺著地動山搖，牆倒屋塌，整個下邳跟汪洋一樣，原來的城牆、樓房都沒有了。」因此心知小羊是上天派來救他的，於此從此稱此山為羊山；將山前廟搬到山上，就稱為羊山廟。〔註211〕

〈獅子眼紅沉下邳〉故事的大意則是：幾百年前邳州城來了個要飯的老孃孃，她經過縣學門口「經過那兩個石獅子跟前就念叨：『獅子眼紅沉下邳！獅子眼紅沉下邳』」，但是誰也沒當真。不料學堂中一個調皮鬼偏用筆蘸上紅洋水塗石獅子的眼睛，嚇得老孃孃邊跑回破廟收拾自己的行李邊喊：「可不得了囉，城裡人快跑啊，獅子紅眼啦，要沉城啦」；或是「要沉城囉，俺可攔不住囉！」之類的話，不過誰也沒把老孃孃的話放在心上。

當晚縣官正在審案子，忽然有隻羊跑到大堂上銜走他的官印。縣官一急之下追羊而出，跑到一座山上卻聽見「轟的一聲，下邳城沉了，任哪都是水。」原來是因為縣官為官清正，所以神羊前來搭救，此後該山就名為羊山。〔註212〕

這兩則故事都在講述邳縣羊山之名的由來；但是後者中〈獅子眼紅沉下邳〉的情節，卻與民間故事825A「陸沉的故事」〔註213〕相符。該類型故事的大意如下：

> 一個好心人從神仙處得到警告，當城門口的石獅子雙眼流血時，要立刻跑到山上，因為馬上會有洪水淹沒這座城市，作為對市民種種罪行的懲罰。於是這人每天去城門口看石獅，有人知道原因後，便作弄這人，故意在石獅雙眼塗上紅色。這人見了，也立刻上山，當別人正以為愚弄得逞而得意時，洪水卻真的來到，很快淹沒了整座城市。

（四）〈捨梨〉

此歌見於銅山縣歌謠集成〔註214〕，是一首極短的故事歌。歌中敘述觀音大士化身到凡間向一對婆媳化緣，目標是婆媳家中梨樹上的梨。婆婆吝嗇拒絕；媳婦則背著婆婆偷偷送了十顆梨。最後婆婆因為吝嗇被打入奈河受苦；

〔註211〕見白庚勝總主編《中國民間故事全書‧睢寧卷》，頁141。
〔註212〕見白庚勝總主編《中國民間故事全書‧睢寧卷》，頁149。
〔註213〕見金師榮華著《民間故事類型索引》上冊，頁296。
〔註214〕見《銅山縣歌謠集成》集，頁262。

媳婦則因善心而從金橋上過奈河。這個時候婆婆後悔地要求媳婦來拉自己一把，同時許願情願回去多捨十個梨，以免除地獄的罪苦〔註215〕。

這則故事歌雖短，但是故事中婆婆因為慳吝被罰打入奈河受苦、媳婦因為善心施捨而得從金橋過奈河等等的情節，正符合了民間故事編號 750「施者有福」的類型故事。該類型故事大意如下：

> 神仙對不吝吝所有而幫助別人者作了獎賞，對慳吝者作了懲罰。

〔註216〕

（五）〈占城歌〉

收錄於邳縣歌謠集〔註217〕，歌中主要以西晉石崇與范丹的雙孤墓故事為經緯，唱出兩人的墳「雙孤堆」〔註218〕在邳縣占城的傳說。

在參見白庚勝擔任總主編的《中國民間故事全書‧江蘇徐州市分卷‧睢寧卷》中，有兩則關於「雙孤堆」的傳說：分別是范丹與石崇結拜的經過；以及叫花子撐著口袋討債的由來。

關於范丹與石崇的結拜，故事大意是說范丹靠著神奇的寶貝「捎馬子」悄悄致富之後，引發石崇的好奇，於是邀范丹來家中一聚。席間兩人相談甚歡，於是結為異性兄弟。然石崇富而無子、范丹富而無貴，兩人交心對談後，范丹將一子讓予石崇為後；石崇感念范丹義氣，從此接范丹一家同住，打理范丹一家生計。兩人並相約，死後比鄰而葬，遂有今日占城的雙孤墳。

值得一提的是，故事中范丹離開石崇家之後，回家路上在心裡琢磨著：

> ……仁兄招待他用的金磚墊桌腿，用烏金碗筷用餐，可能他知道我窮，特意這樣做的，看來是看不起我。可心裡又想你無後再富也無用。如果仁兄到我家做客，五個兒子四個去墊桌腿，還有一個跑堂端茶倒水的。〔註219〕

等到石崇真的來到范丹家時，范丹也真如原來的打算在門前小樹下，擺小桌子招待石崇。范丹派五個兒子中四人去墊桌腿，另一人跑堂，負責倒水與斟酒；

> ……兄弟兩人就喝了起來。因樹小陰涼不大，隨著太陽的轉移

〔註215〕詳見本文第伍章第三節〈傳說故事歌‧短篇故事歌〉。
〔註216〕見金師榮華著《民間故事類型索引》上冊，頁275。
〔註217〕見《邳縣歌謠集成》集，頁233。
〔註218〕邳縣集成原歌中作「雙谷堆」，疑為音誤，以蘇北方言中，谷、孤同音之故。
〔註219〕見白庚勝總主編《中國民間故事全書‧睢寧卷》，頁181～182。

桌子不一會就要到太陽地，范丹就拍一下桌子説：「桌子得往陰涼地移移。」不覺桌子晃動，穩當地移動到樹陰下，弟兄倆從中午一直喝到傍晚，桌子都是這樣隨著太陽移動的。弟兄兩沒有一個叫太陽曬著。……石崇回到家裡看見自家的金磚，心想：「我這是死寶，范丹的兒子才是活寶……」〔註220〕

石崇因此決定接范丹一家來自己府中同住，兩人因此感情甚篤，最後范丹將長子過繼與石崇爲後；兩人並約定死後要葬在一起。

在這則傳説故事中，以兒爲桌脚、隨日頭移動的情節，正符合故事類型中編號980F「兒子比財產可貴」〔註221〕一項。其大意如下：

二人一窮一富，窮者有四子，富者無兒女。一日富者宴請窮者，碗筷桌椅皆金製，極其誇耀。窮者擇日回請，於院中樹陰下擺桌，四子侍立。日影移動或忽然下雨，四子即移桌搬椅，使二人飲食如常。富者不覺嘆道，錢是死寶，人是活寶。或是二人坐寒風中，富者穿皮襖，懷元寶；貧者與四子衣單寒顫，四子即拾柴生火，寒意全消。富者愈坐愈冷，元寶不能取暖。

至於在後一則故事中，范丹借孔子糧食，等到催討時，孔子見范丹孤身一人來討，於是叫弟子「就緊他的捎馬子滿吧」，算是把糧還清。沒想到范丹的捎馬子是個神奇的寶貝，怎麼裝也裝不滿。孔子只好向范丹承諾，自己沒還完的糧，所有弟子都有責任代替自己償還；范丹因此質疑「我知道你的弟子們在哪裡？」，孔子只好回答：「你看大年三十過節家裡門上貼對聯的」，都是孔子弟子、都可以代爲償債。「那以後識字的過節貼對聯；不識字的過節也貼對聯，都成了孔夫子的徒弟了，都得替他還債。」所以至今叫花子們依著祖師爺范丹傳下來的規矩，到處替范丹討債。要時不用手接，「掙著口袋讓人家倒，他們永遠要，我們永遠還，永遠還不清。」〔註222〕

故事中范丹那只怎麼裝也裝不滿、怎麼取也取不竭的神奇捎馬子，在民間故事中常常出現，或可名爲「聚寶盆」之類的寶物，其特徵是「一件放任何東西進去都會取之不盡的寶物」，在「神奇的寶物」類故事中編號爲564、565A、566、569、597等型〔註223〕的故事，都是以這類神奇寶物爲主要情節

〔註220〕同上註，頁182。
〔註221〕見金師榮華著《民間故事類型索引》中冊，頁424～425。
〔註222〕見白庚勝總主編《中國民間故事全書・睢寧卷》，頁183～184。
〔註223〕第564型故事爲「兩隻袋子」，故事中神仙給了窮人一隻可以不斷供應金錢的

所衍生出來的民間故事類型。

（六）〈小翠花〉

見於新沂縣歌謠〔註224〕，歌中敘述小翠花因爲媒妁之言嫁了一個傻子，限她在三日之內生養出娃娃來。小翠花一氣之下回娘家向母親哭訴，幸而母親在聽過小翠花的描述之後想出辦法，讓傻子以爲鴨子是娃娃，也讓小翠花看清丈夫眞的是個傻子。最後小翠花離開了傻子丈夫，重心尋找自己的幸福。

這則故事中小翠花丈夫不懂房事亂予要求的情節，符合民間故事類型索引中，被劃歸爲「笨人」故事中第1685B型「不懂房事的傻新郎」〔註225〕。

（七）〈水漫金山〉

本歌取材自民間故事〈白蛇傳〉中白蛇大戰法海的橋段，以歌謠的形式收錄於睢寧縣歌謠集〔註226〕。內容敘述白蛇因不見去金山還願的許仙回家，於是派青蛇前去查訪，得知許仙已在金山寺落髮爲僧後，一時氣憤欲奪回許仙，並召來東海水族中的兵將前來助威。初時白蛇佔有上風，咒退了法海老和尚的法寶「寶蓮環」；法海眼看就要落敗，急忙請來師尊陳檀仙。陳檀先應弟子之請，上天宮搬救兵。最後白蛇不敵天兵天將，本應伏法，卻因腹中懷有貴子得免於一死。歌末以預告下一段爲白蛇與許仙相會斷橋前爲結語，造成聽眾懸念之餘，顯得餘韻無窮。

〈白蛇傳〉的故事在流傳甚廣，金師榮華將之標立於「神奇的妻子」類型中，另闢第411號「蛇女（白蛇傳）」故事。其大意如下：

> 一個年輕人和一位由蛇變成的美女結婚，但並不知道妻子是蛇女。後來有位法師把眞相告訴了他，還要他讓妻子喝雄黃酒驗證。

袋子，見金師榮華著《民間故事類型索引》上冊，頁211。第565A型故事爲「仁慈的少婦與魔鞭」，故事中神仙給了仁慈的少婦一條會自動將缸水注滿的神鞭，使大水缸中的水取之不盡；見金師榮華著《民間故事類型索引》上冊，頁212。第566型故事爲「三件寶物和仙果」，故事中的主角得到了一件或三件寶物，其中一項常常是可以供應各種食物的南瓜或口袋。見金師榮華著《民間故事類型索引》上冊，頁213。第597型故事爲「聚寶盆」，此類型大意中說明聚寶盆是一件放任何東西進去都會取知不盡的寶物。見金師榮華著《民間故事類型索引》上冊，頁224。

〔註224〕見《新沂縣歌謠集成》，頁135。
〔註225〕見（美）丁乃通編著《中國民間故事類型索引》，鄭建威等譯，（湖北：華中師範，2008年7月），頁319。
〔註226〕見《睢寧縣歌謠集成》集，頁104。

妻子不勝酒力，一度恢復了原形。蛇女對青年並無惡意，但法師仍把他藏在廟裡。蛇女要求與丈夫相會，法師不允。鬥法結果，蛇女失敗，被吸入法鉢，埋於塔下。〔註227〕

二、歌謠中出現的情節單元

有些歌謠中僅出現故事情節，尚不足成為故事類型；或有故事類型同時在情節單元的分類中可以見到。本文將針對蘇北歌謠中所可見到的情節單元加以整理臚列。

（一）孝行獲報

具有此一情節單元的歌謠有二，一是〈朱溫殺母〉；一是〈檀香哭瓜〉。

〈朱溫殺母〉見於連雲港市歌謠集成〔註228〕。這首故事歌中，朱母因向兒子乞求而躲過一死之後，逃命途中幸遇梁英夫妻搭救、迎回供養。朱母病癒後前往菜園掘菜，卻不料掘出馬蹄金，因此交給梁英為家用，一家人生活從此寬裕。梁英最後更因為朱母的協助，順利避過朱溫夫妻的誣告，最後與丈夫及朱母過著幸福的日子。

「朱母在園中掘菜得金給梁英」以及「梁英因孝得免災殃」，都屬於「孝行獲報」的情節單元，其編號為Q65。〔註229〕

同樣有著孝行獲報情節的還有〈檀香哭瓜〉。此歌見於《邳縣歌謠集成》。〔註230〕檀香因母親病中嘴饞，想在冬日吃瓜，無計可施之下在園中撒下瓜種後哭求上天，從一更哭到五更，果然在上天的恩賜下，甜瓜逐更長成，讓檀香以此孝母。

這種孝感動天的情節，也是「Q65 孝行獲報」的情節單元，與「冬日獲魚以供母」、「獲雀供母」等情節相近。都屬於Q65的情節單元類型。

（二）死而復生

蘇北歌謠中可見「死而復生」情節的歌謠，包括〈房四姐〉及〈胡打算〉。

〈房四姐〉故事見於連雲港市歌謠，〔註231〕其中房四姐上吊死後，因盜

〔註227〕見金師榮華著《民間故事類型索引》上冊，頁148。
〔註228〕見《連雲港市歌謠集成》，頁1288。
〔註229〕見金師榮華《六朝志怪小說情節單元分類索引——乙編》，「Q獎勵、懲罰」，（台北：中國口傳文學學會，民97年3月），頁128。
〔註230〕見《邳縣歌謠集成》，頁186。
〔註231〕見《連雲港市歌謠集成》，頁1228。

墓賊為竊陪葬物將她抬出棺外，不想此舉竟使一口堵住氣管的痰鬆脫，房四姐因而復活。這個情節在許多小說及故事中皆可見到，被歸為「E1 死者復活」型號中〔註232〕。

另外，邳縣歌謠〈胡打算〉中，胡打算因雞蛋被丈夫打爛，一氣之下上吊自殺。其魂來到陰間後，卻被陰吏查出陽壽未盡、命不該絕，於是發還陽世。這種「陽壽未盡，陰吏使死者復活」的情節，被編歸為「E121.1.3」〔註233〕。

綜合上述各節，蘇北歌謠所反映出的文學意義大致具有以下幾點：

一、作為表達情感的利器，蘇北歌謠呈現出鮮明活潑的特質，毫不掩飾地將生活中的喜怒哀樂直陳其間，使得歌謠表現出地方強烈的情緒與感情色彩。

二、歌謠既是平民在生活中放情而唱、自然流露的結果，其中的遣詞用字大多不經雕琢、隨口而出，除了雙關語的使用較為常見以外，其餘以口語本色為主。因此歌謠不像其他雅文學以精美華麗的詞藻取勝；反而以真樸自然的風格見長。

三、蘇北歌謠中表現出蘇北方言獨有的語言趣味與韻味，非熟悉此地方言者無法單從文字了解其中的特色、更無法表現出其中爽冽俐落的獷味、亦不足以呈現此間民性與民風於萬一。

四、作為民間文學的一員，歌謠中多有與民間故事相關的部分；尤其是故事歌中所表現出的故事類型與情節單元，可與民間故事等文本相互參照了解。

〔註232〕見金師榮華著《六朝志怪小說情節單元分類索引──乙編》，「E、亡魂」，頁63。
〔註233〕見金師榮華著《六朝志怪小說情節單元分類索引──乙編》，「E、亡魂」，頁65。

第玖章　蘇北歌謠所反映的社會意義

　　民初周作人曾謂：「歌謠是口口相傳的，因之一首歌謠每有許多變體；凡一件東西將許多人傳說，一定會有許多變化的。」〔註1〕這段話簡明扼要地把歌謠四大特質（口頭性、集體性、變異性及傳統性）中的前三者一語帶出。至於其中所反映出的情感、體驗、生活、以及對社會的認知，則是個人所屬的空間領域內，與其族群經由長時間累積、凝聚之後，所孕育出共同信守和遵循的範式與原則；此即歌謠的傳統性特質。〔註2〕尤其是此一特質中所反映出來的文化底蘊及社會意義，更值得研究者關切。

　　在為劉經菴所編的《歌謠與婦女》一書作序時，周作人又道：「從歌謠這文藝品中看出社會的意義來，實益與趣味兩面都能顧到……對歌謠而言，正是最適當而且切要（的研究方向）」〔註3〕，可知歌謠中所蘊含的社會意義，實為研究歌謠時的重頭戲；其中所流露出的民間史觀、生活模式、風土人情、經濟活動，乃至於思想觀念、社會價值……等，無一不是歌詠當下的時代及社會縮影。雖說「文化越進步、歌謠越退化」〔註4〕早已是不爭的事實；但是

〔註1〕節錄自周作人撰〈歌謠的特質〉，收於鍾敬文編《歌謠論集》，頁3；見《民國叢書》第四編第六十卷，（上海：上海書局，1989年）。

〔註2〕相關概念，請參考段寶林著《中國民間文學概要》，（北京：北京大學，1998年5月），頁9；浦忠成著《敘事性口傳文學的表述》，（台北：里仁，民90年9月15二版），頁161。

〔註3〕見周作人撰〈歌謠與婦女・書序〉，收於劉經菴編《歌謠與婦女》，頁1，見《民國叢書》第四編第六十卷，（上海：上海書局，1989年）。

〔註4〕見常惠撰〈我們為什麼要研究歌謠〉，收於鍾敬文編《歌謠論集》，頁313。出處同註1。

就文化的延續性觀點來看，文化從未消退於人類發展的舞台上；歌謠中所反映出的是已然內化於個體心智中的社會文化，而這些正是國族賴以生存的重要機制。唯有社會文化如常的傳承、運作，才能賦與族群精神上的重要指標及力量，以確保族群的秩序與繁衍；也才能使個人從中得到保障與伸展。職是之故，時空斷面中吉光片羽的歌謠，成為個人乃至國族試以了解、界定不同條件下文化運作軌跡的重要工具與媒介。其中所蘊含的社會意義及價值，由此不言可喻。

　　本章將針對蘇北歌謠中所反映的社會意義，分就史政、婦女、經濟、人生、民俗以及歌謠母題與傳播狀況等方面進行整理與說明，以期瞭解蘇北歌謠在社會、思想、文化等各方面所蘊含的價值。

第一節　歌謠與史政

　　民初研究者黃樸對於歌謠之所以被稱爲「平民的文學」，有以下的解釋：

> 歌謠並不是科學家經準確的試驗所得的新發明；亦不是漢學家經一二年的苦功所得的二條審愼周詳的考證，乃是平民因直接的衝動，爲表示其情感，沒有死的一定的格律，沒有心理的聯想，而有天籟的一串話。他們唱著這個就滿足、愉快。無論它是抒情的、敘事的、滑稽的、頌讚的，……但皆是寫實的。因此我們稱它爲「平民的藝術」。〔註5〕

　　這些「平民的文學」，由於表現的正是民眾日常生活中所知所見、所思所想，因此可謂入歌的題材，皆與生活息息相關。舉凡對周遭人物的描寫、對生活的陳述、對公眾人物的批評與讚美、對時政的抨擊與支持……，在歌謠中皆可聞知。甚至可以說，歌謠中與民眾生活緊密相連的生活記事及政治變化，就是另一種形式的史政記錄。這些歌謠或許是「依一般通例，由民眾自己編排」；更有甚者，「也許是超於平民階級的大人、野心家，爲利用群眾心理，造給他們唱的」〔註6〕，總之，這些都可看出歌謠與史政的密切關聯。本節將以蘇北歌謠與史政的關係爲始，試析蘇北歌謠中所反映出的史政意義，分〈歌謠中的民間史觀〉及〈歌謠的輿論作用〉兩部分說明於後。

〔註5〕見黃樸撰〈歌謠與政治〉，收於鍾敬文編《歌謠論集》，頁195。出處同註1。
〔註6〕同上註，頁196。

一、歌謠中的民間史觀

作為民眾發抒情感、思想的歌謠，在民間發揮了地方史志的功能，藉著口耳相傳的方式，充填了正史所無法觸及的社會角落。在現代化教育發達、識字率普及之前，歌謠中對於社會生活裡人、事、時、地、物的指涉及觀點，建構起不同於正統嚴謹史家標準的民間史觀：藉由短小精悍的歌謠，簡明有力地傳遞對社會及國家大事的觀點及看法、發展及影響。歌謠中所記載的觀點及角度，一如《古謠諺》中的歌謠，不但成為反佐正史的重要材料，甚至涵藏了正史所忽略的細節。

蘇北歌謠也同樣具有以上野史特質。以下將就幾點試析說明之。

（一）補充正史之不足

歌謠的傳播保留了民間社會自身的歷史軌跡。這一點在蘇北歌謠中亦可得到印證。在蘇北歌謠中，每一種歌類中都可窺見歷史移動的軌跡。

以新沂縣歌謠〈窮民苦〉為例，歌中所指涉的事件，為光緒二十四年時所發生全國性先水後旱的災異對人民造成的影響。相關的記錄在《清史稿》中付之闕如〔註7〕，在《徐州府志》中亦不可見，唯有歌謠將之記錄下來，並側寫窮民流離失所之苦。

再以古邳沉城一事為例，古邳城因發生地震、兼以暴雨、洪水導致湮沒一事，在史籍中亦不可見；但邳縣歌謠中唱述著古邳城的富庶，可知確有新舊邳州城之異。然古邳究竟發生了什麼事，在民間歌謠及故事中相關的說明遠較正史豐富。其間不但說明了古邳城的地理位置、富庶原因〔註8〕，甚至將發生地震的時間交代出來〔註9〕。將民間故事與歌謠相互參照，大致可歸納出

〔註7〕〈清史稿·災異〉中，相關於光緒二十四年的水旱災異記錄如下：〈清史稿·志十五·災異一〉：「光緒二十四年四月二十四日，涇州雨雹，大如雞卵。五月，河州大風雨雹，平地水深三尺。」見柯劭忞總纂《清史稿》，（http://www.angelibrary.com/oldies/qsg/040.htm，最後查閱日期：2011/06/13）；〈清史稿·志十八·災異四〈：「光緒二十四年九月，寧津旱。」見柯劭忞總纂《清史稿》，（http://www.angelibrary.com/oldies/qsg/043.htm，最後查閱日期：2011/06/13）

〔註8〕《邳縣歌謠集成》〈古邳城〉：「想當年，邳州城緊靠艾山前。東門口靠河道，南門口水連關；西門口殺人場，生意買賣在北關。邳城到官湖八里路，一條大路上窯灣，說到窯灣到窯灣，抹過皂河到宿遷。」；又「大花船小花船，七十二只靠一聯。大船以裡裝白米，小船以裡裝私鹽：裝糧米國家用，裝了私鹽天下傳」見《邳縣歌謠集成》，頁 233～234。

〔註9〕見白庚勝總主編《中國民間故事全書·江蘇徐州市分卷》，共七冊，（北京：知識產權，2007 年 6 月），《睢寧卷》頁 147～150。

古邳舊日形貌。此一災難於今唯一可資對照的資料，僅見於於《徐州府志》所引述之《舊州志》：「……康熙七年六月地震（黃）河溢，城圮於水。今之趙城驛，俗稱舊邳是也。」〔註10〕

進入近代之後，蘇北大地上的天災人禍仍猶未絕。1939 年自八月二十七日起，蘇北地區連下了三天的豪雨，造成多數地區淹水；到了八月三十日（農曆七月十六日）當天，更有颱風引起海嘯；加上適逢農曆七月十六海水大潮，使得：「『兄弟』三個」（指暴雨、颱風與海嘯）聯手的結果，導致各地海水倒灌、捲走生民萬餘人。這宗慘絕人寰的天災，成爲倖存灶民們心中無法磨滅的驚恐記憶；也因此留下歌謠〈上海潮〉，描述當時萬屍漂於海面的駭人景況。〔註11〕即便史家殫思竭慮地窮首丹青之中，然而在那個對日抗戰方興、全國焦點皆在戰場上的年代，恐怕仍會力有未逮於蘇北一隅海水倒灌鹽田的慘況；反而是歌謠補錄了正史的不足：

> 三九年、起風暴，　七月十六上海嘯。
>
> 連刮三天西北風，　「兄弟」三個齊來到。
>
> 大鹽廩、如湯泡，　丁頭舍，全塌掉。
>
> 淹死多少男和女，　漂來多少老和少。
>
> 呼天搶地無人應，　公司老爺睡大覺。

民間的慘況還不止於此。

除了 1939 年的蘇北水患與海水倒灌，1942 年蘇北豫南地區又發生了旱災與蝗禍。銅山縣歌謠〈提起「四二」年〉，唱出 1942 年時，蘇北豫南一帶於夏季發生大旱之後，緊接著蝗災降臨的慘況，庶民們除了要應付殺人不眨眼的地痞流氓高子百，還要面對顆粒無收、餓殍處處的局面：

> 提起「四二」年，叫我好心酸。
>
> 高子百，在河南，殺人不睜眼。
>
> 六月老天不下雨，地裂三尺三。
>
> 飛來小蝗蟲，遮地又蓋天。
>
> 老母親餓死古城裡，奴相公餓死在開封南關。……

這一年，國民政府軍隊忙著對日抗戰，多次在浙湘贛等地區與日軍發生

〔註10〕見趙明奇主編〈徐州府志·古蹟考〉，《徐州府志》，（北京：中華書局，2001年），頁 1058。

〔註11〕見《連雲港市歌謠集成》，頁 929。同樣內容的歌謠又被命名爲〈海嘯〉，見於頁 1044。相關敘述請參見本文第肆章第一節〈勞動歌·鹽工歌〉。

會戰；民間則自組游擊隊，以牽制日軍行動〔註12〕。這一年，中國共產黨的新四軍正忙著與國軍合作、共同對抗外侮。相對於國族歷史上最大規模的對日抗戰，蘇北豫南的災荒相對顯得微不足道。然而在人民心中，餓死了老母與丈夫的災難，卻比抽象意義上遠在天邊的國族存亡來得更叫人刻骨銘心。

常惠說得好：「歌謠多半是屬於主觀的，除去他們的社會以外就不知道有旁的了」〔註13〕。實際上，正是多虧靠著歌謠的流傳，將舊時以為「俗不可耐的事情和一切平日的人生問題〔註14〕」記錄了下來，才讓我們從中看出蘇北地區百姓的斑斑血淚。如果要問蘇北百姓的性格中，頑強的生命韌性從何而來？那麼只要單從 1939 至 1942 年短短五年內有歌可聞的自然災難中，便不難想見當地生活環境艱困的程度；這中間尚未摻入人為的政局紛擾、及日軍進入華北後展開的無道殺伐〔註15〕。我們沒有資格指責哀哀哭歌的婦人與灶民不明家國大義、不懂「覆巢之下無完卵」的道理；卻只能從歌謠的記錄中，掩卷嘆息於當時那個國破家亡、政局紛擾、卻又災異頻傳的時代中，天地不仁的現實與無奈。

（二）滑稽突梯背後的野史觀點

蘇北歌謠中對於史政的觀點及說法，除前述具有補充正史不足的作用以外，還有一類值得玩味的特值及意義：民間史觀的建立。

與一般正史中以文字記載為準的史家觀點不同的是，歌謠中所表現的民間史觀，其重要性往往不在於精確無誤的人、事、時、地、物等內容，反而在於嬉笑怒罵、滑稽突梯的歌詞背後所呈現出來的野史觀點。在蘇北歌謠中，歷史傳說人物所帶出的象徵意義，往往更勝於正史中忠臣孽子的抗敵不屈；是以跨越時空的人物之間所繫聯出來的互動關係，反而更足以彰顯出地方的人文風格。

以銅山縣歌謠〈李存孝大戰王彥章〉〔註16〕為例，在正史中被視為死節

〔註12〕 參見〈中華民國歷史〉，（http://zh.wikipedia.org/wiki/%E4%B8%AD%E8%8F%AF%E6%B0%91%E5%9C%8B%E6%AD%B7%E5%8F%B2，最後查閱日期，2011/06/13）。
〔註13〕 見常惠撰〈我們為什麼要研究歌謠〉，收於鍾敬文編《歌謠論集》，頁 305。出處同註1。
〔註14〕 同上註，頁 307。
〔註15〕 日軍於 1939 年進入徐州城，開始了一連串毫無人性的無道殺伐。相關說明請參見本文第肆章第二節〈時政歌‧對日抗戰歌〉。
〔註16〕 見《銅山縣歌謠集成》，頁 169。

第一人的王彥章，卻在歌中被描述成水賊出身、明明技不如人，還大嘆「既生瑜、何生亮」的魯莽人物；反倒是在《新五代史》中「存孝負其功，不食者數日」、「附梁通趙，自歸于唐，因請會兵以伐晉」、「爾為書檄，罪我（指其義父李克用）百端」，最後甚至遭到車裂之刑的李存孝〔註17〕，在蘇北歌謠中屢屢以十三太保之名、少年英雄之姿深植形象於民間〔註18〕。可見蘇北地方對於歷史人物，自有一套品評標準。

　　蘇北百姓似乎對「英雄出少年」一事格外感興趣。不只對不滿十歲就能接過號稱重達「八百六」鐵槊的李存孝津津樂道，在民間傳說中十一歲拜相的甘羅、十二歲就奔走南陽的劉秀、十五歲奪下帥印的羅成……等人，都是〈頌賢良〉、〈二十唱〉、〈數英雄〉之類歌謠中的楷模。姑不論這些人物在歷史上嶄露頭角的年紀是否真如歌謠所唱；至少今人從中已可看出蘇北百姓對「出名要趁早」〔註19〕的渴望與追求。這樣的心態不止可見於一般歌謠，就連兒歌之中也不難發現：即使是找同伴出來玩，也動輒以殺伐處之；更別說是兒童對於抗日，有著堪與成人相匹的殺伐之心。也難怪蘇軾在徐州期間，要說此地民眾「其民皆長大，膽力絕人，喜為剽掠，小不適意，則有飛揚跋扈之心，非止為盜而已。……其人以此自負（指劉邦、劉裕、朱全忠之徒皆出徐州），凶桀之氣，積以成俗。〔註20〕」如就當地的自然人文背景而論，不難理解這種史觀的建立，與蘇北地區天災人禍頻繁，造成民眾習武者眾的風氣有著密切的關係。

　　或許正因為歷來爭戰頻仍，蘇北歌謠中對於戰爭的意義與目的早已視為無物；無論歷史上的明君也好、忠臣也罷，在民眾看來，一場場為謂的混戰其實毫無意義。這樣的史觀及心態表現在歌謠之中，於是出現類似〈古今大會戰〉、〈菜園大戰〉、〈百花爭鬥〉之類的歌謠。

〔註17〕 見宋‧歐陽修撰〈新五代史‧卷三十六‧義兒傳〉。（http://www.sidneyluo.net/a/a19/036.htm，最後查閱日期，2011/06/13）。

〔註18〕 十三太保之名，不僅見於〈李存孝大戰王彥章〉之中，亦可見於蘇北常見的〈十杯酒〉、〈頌賢良〉等歌謠中。這類歌謠多將李存孝「十三太保」的稱號編列於數序之中，稱誦其少年英豪。相關介紹，請參見本文第伍章〈傳說故事歌‧中篇故事歌〉；及〈傳說故事歌‧歷史傳說歌〉中。

〔註19〕 張愛玲語。

〔註20〕 語中固然多有貶意，然其本意在於表陳徐州地勢易守難攻、兼之以民風強悍，以此呼籲皇帝重視徐州的軍事價值、順勢重新評估蘇東坡本人的可用性。見蘇軾〈徐州上皇帝書〉，《蘇軾文集‧卷26》，（http://140.138.172.55/su_shih/su_thing/article/bin/all_body.asp?paper_id=00000806。最後查閱日期：2011/06/13）

　　這些看似趣味十足、卻又大開歷史人物或典章制度玩笑的歌謠，表面上固然滑稽突梯；然而其背後所代表的意義卻是鄙夷大於讚賞。在你來我往的軍政勢力傾軋之間，蘇北民眾早已洞悉那些打著「興國救民」大旗背後、爲滿足私欲而無所不爲的行徑，說穿了不過是另一種發達成功的模式而已。所以忠臣也好、逆賊也罷，所謂名留青史只是文人的傻話，眞的要唱出來，不過全是一堆青菜蘿蔔、四季花卉的混戰，所以以救國救民自許的國民黨人一旦開始黨同伐異，其行徑在百姓眼中，其實與暴虐殘殺的小日本相去無幾，君不見歌謠中如是唱道：

　　　　小日本，刮民黨〔註21〕，進了庄子燒殺搶。

　　　　無惡不作幹壞事，兔子尾巴不能長。

　　　　盼星星、盼月亮，盼來救星共產黨，

　　　　趕走小日本，打倒活老蔣。

　　　　人民翻身得解放。

邳縣則唱得更露骨：

　　　　遭殃軍（中央軍），刮民黨（國民黨），

　　　　殺民主義（三民主義），蔣閻王（蔣介石）。〔註22〕

　　姑不論這樣的歌謠，是否眞的是「超於平民階級的大人、野心家，爲利用群眾心理，造給他們唱的」〔註23〕，然則箇中觀點如果無法得到民眾認同，再怎麼簡明易學的歌謠也無法使百姓自動自發地傳唱。這樣的狀況同樣可見於中共建政後三面紅旗及文化大革命時期的民間歌謠之中。難怪蘇北民眾早已學會笑看風雲之變，深知只要順應其變，自然可以爲自己找出生存的空間。這種心態，在歌謠中表現得鞭辟入裡：「老百姓，眞會搗〔註24〕。哪軍來說哪軍好〔註25〕」。

二、歌謠的輿論作用

　　蘇北歌謠中多有對時政、人物的品評。無論是對清官的讚美、對貪官的譏刺；以及對時政的評述，在在都表現出歌謠的輿論功能及作用。

〔註21〕蘇北方言，國民黨三字音近於刮民黨。
〔註22〕見《邳縣歌謠集成》〈遭殃軍〉，頁48。
〔註23〕見黃樸撰〈歌謠與政治〉，收於鍾敬文編《歌謠論集》，頁196。
〔註24〕蘇北方言，扯謊、說瞎話的意思。
〔註25〕見《徐州市歌謠集成》〈軍閥混戰歌〉，頁51。

在蘇北的時政歌中，固然有如銅山縣歌謠〈李成田〉、與睢寧縣歌謠〈睢寧縣長姚爾覺〉〔註26〕兩首歌謠，指名道姓地頌揚兩位好官；卻有更多用以斥責劣吏之歌。這些歌謠或指名道姓，如痛斥國民黨籍的銅山縣長耿繼勛如何濫用權勢、搜刮民女〔註27〕；又如連雲港市婁山鎮的鎮長張玉堂，如何對鎮民飽受土匪侵擾不聞不問、只管清點民眾殺匪之後收繳槍枝數量的多寡〔註28〕；甚至是先降日後歸順於國民政府、卻放任手下四處搜刮民脂民膏的土匪頭子徐繼泰……等。蘇北歌謠痛罵了惡吏的不堪，也用最鄉野的口吻讚揚好官的認眞〔註29〕：如對李成田的讚美竟是以「拉一根屌毛〔註30〕他也能看見！」來形容他對地方上大小事的瞭若指掌。鄙俚不經之中，卻最如實地見到百姓對好官的親愛與讚嘆。

相對於對地方政治人物的美刺，蘇北歌謠也發揮其輿論功能，對不同時代的群官像繪製出一幀幀的百官圖。且看這首〈當官謠〉〔註31〕如何一針見血地直指爲官之道：

> 文要念稿不頓、武要坐車不睏。
>
> 當官還要一條，一天三酒不醉。

那麼，千里爲官，所爲何來？

> 一考慮個人、二考慮家。
>
> 三考慮子女去安插，哪有閒心爲國家？

至於個人的發展關鍵爲何？

> 退休是「路線」；接班是關鍵。
>
> 本來還能幹幾年，恐怕政策變。

想要在官場上延續政治生命嗎？那麼就要謹記：

> 左右左右逢源是紅人，蹦蹦跳跳是能人；
>
> 抓不住的是滑人；埋頭苦幹是蠢人〔註32〕

在這種風氣之下，政府機關形同虛設、辦起公務簡直如同虛晃：

〔註26〕見《睢寧縣歌謠集成》，頁16。
〔註27〕見《銅山縣歌謠集成》〈耿聾子〉兩首，頁51。
〔註28〕見《連雲港市歌謠集成》〈羽山霸磨山王〉，頁938。
〔註29〕參見本文第四章第二節〈時政歌・諷頌時政歌〉。
〔註30〕指田裡的一棵雜草。
〔註31〕見《邳縣歌謠集成》，頁15。
〔註32〕以上三首，見於《邳縣歌謠集成》〈時政諷刺歌〉，頁11。

四個牌子掛一個門兒，當家還是書記一個人。

　白天辦事沒有人兒，晚上喝酒一群兒。〔註33〕

　　這些歌謠，反映出正史中看不見的百官相；然而這些內容，卻是直接與百姓接觸的第一線公僕帶給人民的觀感。如果第一線的公僕已然如此散漫，那麼無論政策再怎麼縝密、中央大員再如何夙興夜寐、宵衣旰食，所謂行政效率與政策落實都不過是侈談而已！國家機器正常運作時尚且如此，更何況是中央政策出了大錯誤時，一旦中央交辦，百姓也只能這樣承受著：

　大躍進，真正忙，沒有衣服沒有糧，

　老老少少餓得慌！

　　在百姓眼中，中央大員是天高皇帝遠、遙不可及的想像；朝代興替是大官兒們的事，除非與百姓衣食相關，否則誰也不會在乎國祚與興衰。像是睢寧縣歌謠就很務實地唱著：「不用掐、不用算，宣統只作兩年半，家家喝稀飯」〔註34〕。由此看來，只有每天在他們身邊的公僕才是真實的「官爺」；但是地方父母官尚且如前歌，社會風氣如何匡正？也難怪在民謠中，百姓要這樣興嘆著：

　稻荒麥，麥荒稻〔註35〕，縣裡催，鄉裡叫，

　就是化肥沒有到。〔註36〕

光是在上頭催、卻沒人為百姓想辦法送化肥來，農民也只能嘆唱「巧婦難為無米之炊」了！到底當官兒的在忙什麼？

　東一伙、西一伙，打派仗，不扒河，

　淹得百姓沒法活。〔註37〕

　　原來盼星星盼月亮，盼來的共產黨其實也不過與刮民黨是「五十步笑百步」：忙著黨同伐異、忙著剷除異己。原來政治的本質永遠沒有變，只是人民都太善良，善良得總會隨著政客們的口號起舞，以為真能夠「大幹六〇年，跨淮河、趕江南，趕上江南有米麵」〔註38〕，結果到頭來歷朝歷代全是一個樣兒：

〔註33〕見《邳縣歌謠集成》〈時政諷刺歌〉，頁16。
〔註34〕見《睢寧縣歌謠集成》〈宣統只坐兩年半〉，頁93。
〔註35〕荒，雜草。這兩句的意思是，稻田與麥田裡的雜草都已經相互影響傾插了，卻還不能收割。
〔註36〕見《邳縣歌謠集成》〈當代歌民歌〉，頁14。
〔註37〕見《邳縣歌謠集成》〈大呼隆生產〉，頁13。
〔註38〕見《邳縣歌謠集成》〈大呼隆生產〉，頁13。

抽稅又抽丁，要錢又要命。

好了當官的，苦了老百姓。〔註39〕

在蘇北歌謠中，不是沒有頌讚德政的歌謠；不是沒有感激良吏的肺腑之言；只是這些令人氣病愁苦的政治實狀讓百姓如芒刺在背、難以視而不見，因而無從噤聲、亦無從迴避。另一方面，人們藉由輿論歌謠暫時跳脫身邊的紛擾，以抽離的角度重新檢視世事；並從而體認到自身生命意志及思考能量的存在，進而得到慰藉與愉快。〔註40〕這是輿論歌謠所以多於讚頌歌謠的原因。

無論是對基於民間角度敘寫歷史、或是對清官的讚揚、及對貪官的反諷與斥責；甚或是對時代裡傜役乃至徵召從兵等事的評論，歌謠「其歌詠皆當時事實，寄興他物，隱晦其詞」〔註41〕；反映出社會中最真實的情狀與心聲。由此看來，歌謠無異是認識特定時期及地區的重要參照；如果將其稱為史政風向球，實在並不為過。

第二節　歌謠與婦女

民初劉經菴在編纂《歌謠與婦女》時，曾經指出：「婦女是歌謠的母親、歌謠的大師」〔註42〕。此語誠然。這個觀點無關於女權問題；而是切切實實可以從歌謠吟唱者的語氣及視角可以得知的事實。除了少數的雜歌、時政歌無法確認演唱者的身份外，多數歌謠或是在歌中自稱為「奴」、「小奴」、「奴家」，或是從女子的角度對著第三者唱訴心聲。歌謠與婦女關係之密切，由此不難想見。

本節將針對婦女與歌謠所反映出來的社會意義試予探析，並以婦女未嫁、既嫁、寡居等三個人生重要階段為劃分點，分別整理說明。

一、未婚之前

（一）在家庭中得寵的蘇北女兒

〔註39〕 見《睢寧縣歌謠集成》〈苦了老百姓〉，頁 22。

〔註40〕 參見周國平撰〈尼采美學概論（代譯序）〉，收錄於（德）Nietzsche, Friedrich Wilhelm 著《悲劇的誕生》，（北京：三聯，1987 年 2 版），頁 13。

〔註41〕 原為日本學者中根淑之言，見引用於周作人撰〈讀《童謠大觀》〉，收於鍾敬文編《歌謠論集》，頁 418。

〔註42〕 見劉經菴編《歌謠與婦女》，頁 4，收錄於《民國叢書》第四編第六十卷，（上海：上海書局，1989 年）。

　　蘇北人家習慣叫女兒爲「閨女」。年幼時叫「小閨女（兒）」，親暱時叫「小妮兒」；長大之後無論出嫁與否，在父母嘴裡，總還是「閨女（兒）、閨女（兒）」地不離口，彷彿永遠是父母的小棉襖、心頭寶。在蘇北地方，「俺閨女（兒）……」，成了街頭巷尾的父母們開啓話匣子時最常見的發語詞。

　　從歌謠裡看，蘇北女兒未嫁時，在家庭中的地位都不算低。在蘇北，重男輕女的情況不多，男孩女孩都一樣是家裡的寶貝。尤其女兒家貼心、細心的本質，更使她們飽受父母寵愛，是家裡的「小紅襖」、「一枝花」〔註43〕、「小嬌嬌」、「小寶貝」〔註44〕、「白大娃」、「抱酒罈」〔註45〕，甚至有歌謠直接這麼唱著：

> 小山楂，溜溜紅，誰家的閨女誰家疼。
>
> 大白梨，上街賣，誰家的閨女誰疼愛。〔註46〕

　　除了少數歌謠中，怨歎女兒是賠錢貨之外〔註47〕，多數家庭不論貧富，雖然明知女兒長大了終究他適，但是眼前對女兒還是視如掌上明珠、疼愛有加。〔註48〕以海州地方爲例，女孩兒家未嫁之時，有許多的活動或遊戲需要由成人支持才能完成，如七夕的乞巧、求美牙皆然。甚至是與臺灣地區流行的「碟仙」類似的遊戲「請七姑娘」，更需要有年長的女性支持，協助處理遊戲中的部分儀式；甚至還要在家中準備好空而無用的房舍，以供七姑娘及女孩兒們進行遊戲。不過從歌謠看來，這樣的遊戲並不罕見，足見蘇北家庭中對女兒家的寵愛及支持。〔註49〕如此對女兒家的疼愛，在女兒出嫁時達到高峰。對父母而言，「養個女兒俏貞貞，爹爹馱上轎，媽媽哭到大地廟」〔註50〕，其中既矛盾又不捨的心情，在新沂縣歌謠〈小白雞〉更是表露無遺：

〔註43〕見《徐州市歌謠集成》〈小紅襖〉，頁247。

〔註44〕見《海州童謠》，〈撒嬌歌〉，頁127。

〔註45〕見《徐州市歌謠集成》〈金豆芽、銀豆芽〉，頁359。

〔註46〕見《海州童謠》，〈小山楂〉，頁101。

〔註47〕前述的〈小紅襖〉是這麼唱的：「……俺是娘的一枝花，俺是爹的賠錢櫃，俺是哥的瞪眼叉，俺是嫂的舌頭板，俺是奶奶的耳朵眼」，見〈小紅襖〉，頁247。還有一首歌謠內容是這樣唱的：「胡蘿蔔，做飯甜，拉巴閨女不值錢。一個櫃頭兩人抬，送到婆家大門前」。見《徐州民俗》〈歌謠篇・民謠淚〉，頁202。

〔註48〕此處且不論因家貧而典賣或提早送嫁與婆家的童養媳。因爲那並不是蘇北家庭中的常態。何況斥貧家庭中，一旦面臨生存的危機，連妻兒都成了鬻售的對象，受苦的又何止是女兒。

〔註49〕活動方式及內容，請參見本文第肆章第三節〈儀式歌・訣術歌〉。

〔註50〕見《海州童謠》，〈小蠶豆〉，頁87。

小白雞，跳磨台，它娘生它不耐煩。

一斗豆子四兩酒，打發女兒上轎走。

爹跺腳、娘抬手，再有閨女劈給狗！〔註51〕

或許有人會不齒於最後一句歌詞；然而如果靜心體會箇中情感可以發現，沒有父母真想把自己懷胎十月、點滴拉拔長大的孩子「劈給狗」，只不過想起女兒出嫁後一切不由己的命運，父母儘管心疼無奈，卻也只能望著漸行漸遠的花轎跺腳抬手，恨恨而論。一句「再有閨女劈給狗！」，十足反映出蘇北家庭中父母對女兒出閣後噤聲不語、唯恐招致非議、影響女兒終生幸福的矛盾心情。那種情緒，恐怕只有經歷過的人才能領會。或有人謂此歌為重男輕女之言，則恐怕在蘇北並不盡然。〔註52〕

不過女兒家在家裡也不見得處處得寵。尋常看來，家中唯一會和這些寶貝爭寵吃醋的，只有外來的嫂嫂。多數的歌謠中，反映出家嫂視未嫁小姑如眼中釘的姑嫂情節，這種情緒或來自於對婆母的不滿、而發洩在如婆母分身的小姑身上〔註53〕；或也有些嫂嫂就是沒來由地看小姑不順眼，如〈出嫁歌〉的開頭就這麼唱道：「小豆荏，發豆芽，妹妹梳頭嫂子罵」〔註54〕。又如連雲港的情歌中，因為姑嫂吵架，嫂嫂索性在哥哥面前告上一狀，指稱小姑與人有私情，使小姑被責打一頓。〔註55〕在傳統家庭中，嫂子們或者輕視未嫁的小姑，或者嫌棄小姑在家不事生產，使得女兒家不得不用歌聲向嫂嫂抗議：

嫂子拿俺不值錢，俺呆家裡還能有幾年？

紅毡子，綠裙子，打扮小姐出門子。〔註56〕

或者直接對嫂嫂明說：

〔註51〕如《新沂縣歌謠集成》〈小白雞〉，頁224。

〔註52〕劉經菴在《歌謠與婦女》中舉出許多同宗歌謠的例子，認為此歌正是反映出中國社會上重男輕女的態度，因此認為女兒是不值錢的賠錢貨。然而筆者以蘇北民風觀之，此說並不適用於蘇北地區。見劉經菴編《歌謠與婦女》，頁6～9。

〔註53〕見本文第伍章第二節〈生活歌・母女歌〉。

〔註54〕見《徐州市歌謠集成》〈出嫁歌〉，頁138。

〔註55〕見《連雲港情歌集成》〈姐在河邊洗茼蒿〉，頁126。其內容是女子對情人哭訴自己因受兄嫂責打，故而要求情人快帶自己私奔去揚州。其歌詞如下：「……前天和我家大嫂討上一場氣，她常在哥哥面前嘰哩咕嚕地。……昨天呀我哥哥將我一頓打，今天那個被他又是一頓夯。……只要乾哥你常來往，我倒說一天一打又是何妨。……」

〔註56〕見《海州童謠》，〈小丫葫〉，頁139。

> 我嫂説我不下田，在家還能過幾年？
>
> 我好比牆頭一棵草，來了花轎就抬跑。
>
> 再想説我也説不到〔註57〕

　　就算臨到出嫁，有的嫂嫂也不改冷面，唯恐小姑出門時帶走大量的家財當賠嫁、損及自己的利益，於是當小姑問起嫂嫂：「嫂，嫂，啥陪嫁？」時，嫂嫂索性回答：「門後有個爛棒叉，拿就拿，不拿就罷！」〔註58〕

　　當然也不是所有的嫂嫂都不通人情。銅山縣〈小大姐〉歌中的嫂嫂，就能以過來人的心情安慰思春的小姑：

> 小大姐，才十六，不想吃飯天天瘦。
>
> 不想站，不想走，一天到晚低著頭。
>
> 不發冷，不發熱，到底啥病猜不透。
>
> 爹來問，搖搖頭；娘來問，擺擺手。
>
> 哥來問，不開口，嫂來問，光害羞。
>
> 拉過被子蓋上頭，「問俺害的什麼病，
>
> 嫂子嫂子你心有」。嫂子一聽嘿嘿笑：
>
> 「不要臉的死丫頭！十六七歲想女婿，
>
> 問你害羞不害羞。我這去找咱爹娘，
>
> 三天把你打發走。」床上蹦下小大姐，
>
> 雙手就把嫂子摟。嫂子笑把小姑逗，
>
> 「鬆鬆手！鬆鬆手，有勁去摟你那一口！」〔註59〕

　　總之大多數蘇北的未嫁女兒們，在家中的地位並不因性別而有差異；相對於其他重男輕女的地區而言，蘇北女兒毋寧可說幸福多了。

（二）南園之過

　　蘇北女兒家一旦長大思春，即便是至親的父母也未必能掌握得了她們的情思；也因此使得原本疼愛女兒的父兄在父權思想的影響下，不得不轉變態度，一改過去的縱容溺愛為嚴密防守，唯恐女兒在婚前丟臉出醜，影響家風及女孩兒們日後的幸福。相關的管制手段，今人不難從可從歌謠中窺其端倪，例如邳縣的歌謠是這麼唱的：

〔註57〕見《海州童謠》，〈撒嬌歌〉，頁127。
〔註58〕見《徐州市歌謠集成》〈出嫁歌〉，頁138。
〔註59〕見《銅山縣歌謠集成》，頁105。

爹娘知道還好可，哥嫂知道打鋼刀，咱二人命難逃。〔註60〕

還有另一首歌謠中也透露出父母對女兒的嚴格看管：

門前打罷門後藏，父母管俺賽閻王。

擦乾眼淚更想哥，情哥身邊是天堂。〔註61〕

至於連雲港歌謠中的父兄防備得就更嚴密了，除了層層防守家門以防登徒子擅入之外，就連女兒家的被子上也加裝了鈴鐺，以徹底杜絕風吹草動：

姐在南園拔小蔥，遇著小郎放小鷹，

要吃小蔥拿把去啊小郎啊，

想採鮮花萬不能。

爹娘管得緊，哎子喲！

大門倒上雙簧鎖，二門倒上封條封，

三門巴狗攔門睡，紅綾被上拴響鈴，

倆哥看住門。……〔註62〕

有趣的是，在蘇北關於偷情的歌謠中大多以〈姐在南園望婆家〉〔註63〕、〈姐兒南園拔小蔥〉、〈姐在南園摘石榴〉〔註64〕、〈姐在南園摘黃瓜〉〔註65〕、〈姐在南園扣鴛鴦〉〔註66〕等以南園為名；或是其中內容皆以「南園」為背景，如〈割韭菜〉〔註67〕、〈繡花針〉〔註68〕、〈相個小郎當營兵〉〔註69〕、〈小姑娘倒貼〉〔註70〕、〈一朵鮮花為你開〉〔註71〕、〈姐兒摘瓜〉〔註72〕……等。這些歌謠之所以都離不開「南園」，一方面固然與所使用的曲調有關〔註73〕；

〔註60〕見《邳縣歌謠集成》〈姐兒房中把手招〉，頁132。
〔註61〕見《邳縣歌謠集成》〈情哥身邊是天堂〉，頁122。
〔註62〕見《連雲港民間情歌》〈姐在南園拔小蔥〉，頁63。
〔註63〕見《連雲港民間情歌》，頁16。
〔註64〕見《連雲港民間情歌》，頁128。
〔註65〕見《連雲港民間情歌》，頁128。
〔註66〕見《連雲港民間情歌》，頁40。
〔註67〕見《新沂縣歌謠集成》〈割韭菜〉，頁115。其歌詞是：「姐兒得兒在南園割韭菜哎……」。
〔註68〕見《連雲港民間情歌》，頁119，其歌詞是：「大姐那南園繡花針，……」
〔註69〕見《連雲港民間情歌》，頁91，其歌詞是：「姐兒南園好穿青，……」
〔註70〕見《連雲港民間情歌》，頁71，其歌詞是：「姐在南園哭啼啼，……」
〔註71〕見《連雲港民間情歌》，頁62，其歌詞是：「姐在南園提蒜苔，……」
〔註72〕見《新沂縣歌謠集成》，頁103，其歌詞是：「姐兒南園去摘瓜，……」
〔註73〕多為〈打牙牌〉、〈下河調〉或〈梳妝台〉調。

另一方面，南園也是一個作爲歌謠起興的常見地點。

　　留心歌謠的內容不難發現，在這些歌謠中的女主角，大多是中下階層家庭的未婚女兒，爲了協助家中農事而獨自前往「南園」；卻也因此得以暫時脫離父兄的監控而與情人私會。因此「南園」成了私情歌中最愛援用的地點代稱。且不說與情人私會、偷情在南園；就連誕下私生子，也以前往南園割韭菜爲藉口避人耳目。〔註74〕至於「南園」成爲菜園或從事農務地點代稱的原因，應該與蘇北地方氣候分明，農民爲增加作物接受日照的機會，而多將菜蔬種植於面南的田地有關；也因此使得「南園」成爲情歌中最常出現的場景。

　　當然姐兒們的私情不止發生在南園。除了南園以外，「河邊」與「房中」都是未婚少女用來興唱情歌的好開頭。姐兒可能在河邊洗米、洗茼蒿；可能在房中淚漣漣、扣鴛鴦、繡絨花……。從蘇北的情歌看來，生而爲人所與生俱來的男女大欲，絕對不是父兄所能遏止得了的；所謂「嚴官府出能賊」〔註75〕，對於這種情況，蘇北家庭中的父母或公婆大多也都心知肚明、並且能夠體諒；只要女兒家不要鬧得太過份，長輩們大多能採取「睜一隻眼、閉一隻眼」的態度面對。例如睢寧縣的情歌〈相約〉〔註76〕，歌中的母親得知自己成了女兒私會情人的幌子時，並沒有予以斥責；反而寬容地爲女兒保留了顏面。〔註77〕又如熱戀情歌中，多有女子夜間在繡房中與情人大膽偷情，母親前來隔門關切的內容。〔註78〕雖然這些情事最終都在女兒們的巧言妙語之下應付了事，但是捫心而問，那些不尋常的聲響，難道眞能瞞過母親們的耳朵？女兒們的信口搪塞，難道眞能讓母親相信？想來母親們並非眞是老了迂了，而是爲了顧及女兒的顏面與自己的身份、不得不故作姿態詢問一番罷了。

　　從這一點看來，蘇北民間對於青年男女的戀愛與交往，是抱持著審愼且開明的心態；只要小情人懂得自律，長輩們也樂得省心。至於那些惹人非議之過，索性都算在「南園」頭上吧！

〔註74〕見《新沂縣歌謠集成》〈割韭菜〉，頁115。
〔註75〕臺灣俗諺。
〔註76〕見《睢寧縣歌謠集成》，頁69。
〔註77〕相關說明請參考本文第肆章第三節〈情歌·思戀歌〉。
〔註78〕如東海縣的〈五柱香〉，見《連雲港民間情歌》〈五柱香〉，頁56；見《連雲港民間情歌》〈相思鬧五更〉，頁74。只有〈姐在南園拔小蔥〉裡的熱戀情人，因爲前來質問的是兄長，所以兩人被當場拆穿在床。

（三）蘇北待嫁姑娘的「女誡」

蘇北歌謠中與未婚姑娘最密切相關的，除了各式各樣的情歌以外，當推以〈勸紅妝〉為名的系列女誡歌謠〔註79〕。這些歌謠反映出蘇北社會中對於已婚女子的要求與期待。

這些歌謠共同的特色，都是母親利用女兒出嫁之前，以過來人的經驗指導將嫁女兒，要如何成為一個成功的新婦：包括婚後在婆家應對進退的心法、如何有效率地處理家務瑣事；還有諸如如何順從丈夫、與姻親們相處；最重要的是如何忍耐自持，以期「無忝所生」……。這類歌謠可視為女子出嫁前重要的心理調適及生活教材。

如果就其內容細分，大致可分為以下幾個重點：（一）、勉力學習四德〔註80〕；（二）、不可公開對夫婿傳情遞意；（三）、慎守男女之別；（四）、唯舅姑之命是從；（五）、竭力忍耐；（六）、操持家務要手腳俐落明快，切忌偷懶嘴饞。

在這些戒律中，最令人印象深刻的，莫過於打理家務的方法、以及慎守男女之防。歌中不但教導女兒家要如何利用最少的時間與鍋爐、完成全家人的餐食；同時還教導女兒如何配置菜餚，以達到各類食材均衡出現的方法。至於在男女之防上，儘管新婦初來乍到，仍必須第一個起床、在準備餐食的同時還要肩負起打理全家老小盥洗用品的工作。歌中不厭其詳地告訴女兒務必要在進入公婆房間之前記得敲門（防著公爹穿衣裳）；還有遞手巾給不同的人，也要有不同的分寸，「要是你大伯來洗臉，身子一轉臉對牆」；「要是你公婆來洗臉，手巾搭在盆沿上」以表示貼心；至於如果是丈夫，就要記得「手巾遞到他手上」。同樣的分寸也應用在盛飯遞碗時：

> 頭一碗本是公公的碗，反手擱在鍋台上。
> 第二碗是你婆婆的碗，笑嘻嘻地遞手上。
> 第三碗就是大伯的碗，扭臉擱在案板上。
> 第四碗本是你丈夫的碗，小倆口盛飯心裡厚，
> 底下多盛豬羊肉，上面蓋上白菜幫。

至於這類歌謠中最令人難堪的，則是要求女兒家盡力忍耐。女兒家要忍

〔註79〕 包括銅山縣的〈勸紅妝〉、〈孃孃教女〉；連雲港的〈楊小姐出嫁〉；邳縣的〈勸出嫁〉等，都是這類具有女誡性質的歌謠。

〔註80〕 即婦容、婦言、婦德、婦功

耐的，除了心理上諸如親戚間無理取鬧的鬧洞房、丈夫醉酒造成的困擾等精神負擔之外，還要得在生理上忍饑耐餓：在中國傳統的父權思想下，女子不但不得與長輩、丈夫、兒女、以及其他夫家成員（如伯叔姑之流）同桌而食〔註81〕；而且當他們用餐時，媳婦（們）還必須在旁伺候著盛飯添茶之類的瑣事，直到全家人用餐完畢、收拾停當，才能在廚下撿食剩餘的食物〔註82〕。如果沒有殘羹剩菜，女子就得有挨餓的心理準備。這種習俗在不但在蘇北可見，即使時至今日，在臺灣地區較為守舊的家庭中，高齡的女性也仍舊奉行不殆。〔註83〕

　　然而上述的要求之外，還有一項要求更令人難堪，那就是當丈夫辱罵妻子的父母時，妻子必當忍受。表面上的說法有二，其一是「女婿罵丈母本應當」；另一種說法是因為，就算女兒一時氣不過與丈夫爭吵，到頭來反而可能因此挨打受罵；更有甚者，也許還會因此而想不開。所以與其到最後落得此等下場，還不如打定主意一開始就別把女婿罵丈母娘當回事；至於釜底抽薪的根本解決之道，就是要順從丈夫與夫家的眾人，別給外人罵娘的機會，也就不至於出現以上困擾了。表面上言之成理，實際上卻反映出蘇北社會以男子為主體的婚姻關係中，女性幾乎沒有自辯的資格，完全成為男性的附屬品。

　　從上述的歌謠可以發現，蘇北社會中的父權思想及相關的控制行為，隨著女童的成長而與日俱增；一旦女性出嫁，則在夫家可謂毫無地位可言，中國社會中男尊女卑的風氣於焉完全展現；女性地位之低落，甚至到了被辱及

〔註81〕　此一規律在筆者家族中亦奉行不迨。先父與手足共七人，子孫輩人數逾半百；先祖母在世時，家族聚餐的主桌上以先祖母居首席，其次以先父兄弟及姑父們為主；有多餘的位子才會讓先母及姐妹上桌。次桌以筆者的堂表兄弟及姐夫妹婿等人為主；三桌是姑嬸及長媳，如有重要女客則亦可同桌；四桌為筆者及堂表姐妹嫂媳帶領幼年孫輩共食；五桌為已可獨自用餐的孫輩。除非另有用餐名目（如女兒歸寧、孫輩彌月），晚輩才可「上（主）桌」；否則歷來用餐皆如此，毋需安排，家人自會依身份坐定、不得僭越。

〔註82〕　如歌謠〈韭菜根〉裡就唱道：「……俺到人家當媳婦，人家坐著俺站著，人家吃飯俺看著，人家吃完俺刷鍋，鍋底下燒個渣窩窩。」見《銅山縣歌謠集成》，頁166。

〔註83〕　筆者夫家世居台中的外祖母在八十多歲逝世前，在家用餐時始終未曾與子孫同桌而食，總是一個人在旁張羅全家大小、待全家人食畢之後才用餐；除非如子孫婚宴時必須出外用餐而位居主桌，否則大多不出用餐。相同的情況亦出現在友人家中，其高齡祖母世居北投，亦同樣不慣於與子孫同桌而食。這兩位女性在生活上都在家族事業中獨當一面，可謂商場上的強者，然而其自幼養成的傳統式家庭教育，卻讓她們謹守此等規範、並嚴格自我要求。

父母亦不可回嘴的地步；唯一的解脫之道就是極力迎合家人、務求盡善盡美以免辱及父母。由此看來，蘇北女性在尋常狀況下，一生中最幸福快樂的時期，應該就是尚未婚嫁的少女時期了。

二、既婚之後

　　蘇北婦女的婚姻生涯，從媒人上門的那一刻就已然展開。無論之後婚嫁對象爲誰，婚姻生活對蘇北婦女而言都一樣沉重。從歌謠中所反映出蘇北婦女婚後的生活重心，主要纏繞在以下核心問題上，包括婆媳問題、姑嫂相爭；歸寧問題、夫妻相處以及生育問題。本單元將就此相關的內容逐一說明、介紹。

（一）婆媳之爭——從花轎到門開始

　　所謂的婆媳之爭的發生背景，大多是在家境小康以上的家庭中。

　　從歌謠內容來看，雖然也有許多歌謠裡的婦女，唱怨著父母把自己嫁到貧困的家庭中、過著三餐不繼的生活；但是這類歌謠所透露出主要問題，大多側重於求得溫飽的艱辛以及謀生不易的痛苦；至於人際關係上的磨合與爭鬥，反而顯得微不足道。換言之，在赤貧家庭中，多一個媳婦等同於多一個幫手；夫家不會、也無力刻意藉由刁難媳婦、以彰顯公婆的權威。反面觀之，只有在家境小康以上的家庭中，人們才能在飽暖之餘，有力氣思考到家規、主控權以及面子之類的問題。因此在討論婆媳之爭前，有必要先將對象及範圍作此釐清。

　　嚴格來說，蘇北婦女的婚姻生活打從媒人上門提親的那一刻起就已經開始了。未婚的姑娘一旦訂了親，就要開始忙著自製嫁衣及縫製相關的嫁妝（如被面、枕套、繡鞋……等）。這是清末民初的普遍的情況。反映在民歌中，今人也可以從新嫁娘急忙自製嫁衣、準備見面禮等瑣事的歌謠裡，感受到那份交雜著喜悅與焦慮。〔註84〕等到了結婚前一兩天，蘇北女性就要開始接受「餓嫁」的考驗。所謂的「餓嫁」，就是從結婚前兩天開始，新娘不得進食；頂多是以糖水、雞蛋之類的軟流質食品充饑，以免結婚當日如廁不便；此外，如果因新婦如廁而耽擱行程，不但新婦本人會招人非議、連帶也會使婆家遭人嘲笑。爲避免類似的困擾，蘇北家庭在嫁女之前，普遍都會實施餓嫁的程

〔註84〕由於嫁妝隨時代及民俗的風氣而異，所以這部分的討論將於本章第五節「蘇北歌謠與民俗」中再予討論。

序。〔註85〕

　　一切婚禮前的準備，以迎娶當日達到高潮。今人可以藉由儀式歌中一連串的儀式及歌謠來瞭解蘇北地方對於新婚夫妻的冀望與祝福；這些祝福大多環繞著育誕子嗣而生：究其深意，主要是因爲蘇北社會以農業爲經濟主力，多一個人手就是多一分力量。然而還有好一部分的婚禮儀式別有他意，仔細思考那些儀式背後的目的，會讓人發現一個殘酷的事實：蘇北的婆媳之爭，是打花轎落地的那一刻正式展開！

　　蘇北儀式歌中，新娘花轎到門之後，會有一連串的儀式，包括燎轎、倒寶瓶、接米斗等〔註86〕。這些儀式或由妯娌們進行（如燎轎）、或由婆家方面請來的米斗奶奶（喜婆）擔任。總而言之，花轎一到夫家大門之後，不會立刻請新娘下轎，這些接轎的儀式，總體而言被認爲有「捺性」之效；意謂婆家要先給新娘一點下馬威、摁捺她的性子，好讓她明白：婚後不能再像在娘家般、凡事由著她的性子而行。

　　捺完了新媳婦的性子，這才能請新娘下轎。不過依照規矩，新娘不能在米斗奶奶來迎請動身時立刻下轎，否則顯得新娘沒有「坐性」（坐不住，沒耐性），會丟娘家及婆家的臉。不但不能下轎，相反地，新娘還要坐得越久越好，最好是讓米斗奶奶唱過一首接一首的請下轎歌、唱得米斗奶奶口乾舌燥再下轎。

　　下了轎之後，婆家還可以視情況決定是否要再捺一次新娘的性子：就算新娘下了轎、也未必可得門而入。原來此時婆家大門是緊閉著的。新娘得親自改口敲門叫道：「媽，開門」。只聞婆母會從門內放聲問：「來家聽話不？」之類的問題，新娘必須小心應對、迎合婆母的心意，婆母才會「開喜門」。問題的多寡與內容，完全由婆母決定。這樣的過程，叫做「拘性」：意思是像拘管新來的牲口般、拘拘新娘的性子，以後才好管教。領得家教的新娘，才能進得門來，成爲婆家的成員。

　　相對於今日臺灣地區的婚俗，新郎前往新娘家中迎娶時，得通過新娘姐妹淘們的層層拷問、甚至由新娘親自出題、待到滿意之後才能抱得美人歸的過程，如同傳說故事中的「蘇小妹三難新郎」；蘇北則是由婆婆親自拷問媳婦，直到滿意了才放行，這在蘇北叫做「立規矩」。

〔註85〕　筆者的伯母及大姑在民國三十年左右結婚時，都曾經歷過餓嫁之苦。
〔註86〕　參見本文第肆章第三節〈儀式歌・婚儀歌謠〉。

　　試想每一位花轎到門的蘇北新娘，都是經過了兩天的餓嫁、上轎前的哭嫁（眼淚是金豆子，要給娘家留財）、坐過了半天一日的狹窄又搖晃的花轎（如果賞錢給得不夠多，還會被轎夫惡意晃轎，晃得頭暈腦脹、昏吐轎內）；好容易來到了夫家門口，被捺了性子、還不能立刻下轎：爲了顧及雙方家族的面子，得要經過一請再請、裝腔作勢的架子才能起身，這是怎麼樣的折騰？想來多數的新娘此刻起不了身，不是因爲要展現坐性；而是因爲早已癱軟轎內、無力動作。偏偏規矩多一點、家境好一點的婆母還要來個「拘性」，問到了滿意才放人進門，如此一再折騰，立足了威嚴、卻也傷足了人。這些儀式使得女性在整個過程中，受盡屈辱：新嫁娘必需以近乎乞求的卑微之姿換取婆母的歡心、也才進得了門、拜得了祖宗、嫁得了人。這是何等不人道的過程！

　　所以說婆媳間的鬥法，從花轎落地的那一刻就展開了。先是婆婆拘禁著媳婦在轎中，非得等到玩盡花樣才讓人下轎；另一方面，媳婦也不甘示弱地還以顏色，非要等到全福人或贊禮先生請到口乾舌燥、無詞可說，才願意下轎。如此一來一往，一個要展現自己的威嚴；一個要表現自己的坐勁，彼此都採取著拖延戰術，誰也不肯示弱出醜。表面上長足了婆家與娘家的面子，實際上其中何嘗沒有鬥氣的成份？對於不打算實施拘性的婆母來說，似乎是少了一次佔上風的機會；也許日後管不得氣燄高張的媳婦；但是如此你來我往的過程，究竟助了誰的威？長了誰的志氣？舊時代中的陳腐思想，在婚嫁歌中展露無餘。

　　固然多數的蘇北母親在歌謠中會傳達出不敢想像女兒出嫁後的命運的憂慮；但是身份一轉而爲人婆母時，卻都會「照規矩」對媳婦來上這麼一段「立規矩」。所謂「幼吾幼以及人之幼」的心情，在婆媳關係中似乎永遠不適用。幸而今日蘇北地方大多舉行新式婚禮，免去了這些不人道的過程；但是婆媳之間是否眞能因此就和諧共處，恐怕還是見人見智的問題吧。

（二）不孝有三、無後為大

　　早期農業社會中，子嗣的多寡無異是預示家業昌旺與否的指標。從最早的婚禮祝福歌〈桃夭〉中，我們不難發現傳統社會對於婦女生育能力的要求與重視程度。即使時隔千年，這樣的心態在蘇北儀式歌中仍然明顯可見：在婚儀歌中，大多數的歌謠都帶有求子的口彩及目的；有時爲了討得早生貴子的好兆頭，甚至不惜以反激法嘲弄新人、甚至使之狼狽不堪。這些手法於今看來固然荒唐可笑，但是今昔相較，卻也不難發現時代與社會經濟型態轉變

的軌跡。

　　早期的新娘，只要能在婚後順利得子，大多能稍加提升自己的家庭地位、不至成為公婆的眼中釘。如期不然，那麼丈夫娶妾求子的壓力與焦慮，就會步步逼近婦女眼前，成為生活中揮之不去的夢魘。

　　這樣的心情在歌謠就能見到。無論是〈求子歌〉、〈扣子〉、〈王剛畫畫〉；〈小佳人閒飯〉……等，這些歌謠唱出婦女從不孕、求子、扣子、到待產等一連串的過程；也讓世人看到女性因為不孕而承受的屈辱及挫折：〈扣子〉歌中，為求子而趁著清早無人偷偷從後門溜出、置辦香燭時不明說目的、卻一一點出特殊供品（如紅線與糖）的女子，固然反映出蘇北社會中求子的儀式與習俗；卻也令人反思這些儀式背後，加諸在婦女身上那些以不孕為恥，甚至諱莫如深的心態。更令人不以為然的是，這些排山倒海般來自家長及家族的壓力，一股腦兒全部單方面地加諸於婦女身上；身為配偶的丈夫卻可以置身事外，彷彿沒事人兒一般。這種不公平的觀點與心態，正是造成婦女婚後不幸生活的原因之一。類似的情境，從〈扣子〉裡的求子婦女懷孕前後婆母待她的態度差異中就可明顯體會：

> 　　　　……
> 　　大門之上燒一張紙，門軍老爺你聽短長。
> 　　千萬你莫擋了迷孩路，你給迷孩好進娘床。
> 　　倘若是我能夠懷胎有了孕，一年四季我都來燒香。
> 　　磕頭四個朝裡走，頂頭碰著婆婆娘。
> 　　婆婆一見破口罵，婊子殼子少張狂！
> 　　小佳人一聽紅了面，轉身來到自己房……

等婆婆知道媳婦有喜，態度馬上大轉變：

> 　　老婆婆一聽媳婦有了喜，這才喜壞婆婆娘。〔註87〕

兩相對照，不難理解不孕婦女在家庭中地位艱難的處境，實在令人感到同情與感傷。

　　所謂「不孝有三、無後為大」；舊時代的女子無論再怎麼賢淑，一旦落入此等吃人禮教的窠臼中，心頭上總不免籠罩著「七出」的陰影，除非生下子嗣或接受休妻，否則永無解脫之日。

〔註87〕見《連雲港市歌謠集成》〈扣子〉，頁 1189。

（三）歸寧難

蘇北歌謠中，有相當數量的歌謠，反映出女子出嫁後歸寧的心酸。這些歌謠表現在童謠中、也表現在生活歌裡。常言道：「嫁出去的女兒潑出去的水」；傳統家庭中，女兒一旦出嫁之後就是外家的人，要回娘家的限制重重。

連雲港歌謠〈房四姐〉裡，房四姐要回娘家，得要由娘家哥哥來向請求婆母的同意，婆母才勉強同意。這樣的情況並不少見。類似的情況在〈懷胎十月歌〉裡也可以看出端倪。歌謠裡懷有身孕的女子如果要回娘家，即使懷著身孕都得當天返回夫家。〔註88〕因為蘇北地區有一種特殊的風俗，房子「借死不借生」，〔註89〕就算是娘家對留孕婦宿一事也儘量能免則免。

從婆家的角度而言，媳婦歸寧毋寧是失去了一個可供調度使用的人手，因此蘇北社會對於婦女歸寧的限制極多。銅山縣就有一首極其刁難女性歸寧的歌訣，名為〈婦女十二月禁忌〉〔註90〕，至今在徐州地區仍被五十歲以上長輩遵守著〔註91〕：

> 正月十五不看娘家燈，看娘家燈，死她老公公〔註92〕。
>
> 不忌二月二〔註93〕，死了自己沒意思；
>
> 不忌三月三〔註94〕，死了丈夫塌了天；
>
> 不忌四月八〔註95〕，死了丈夫自當家；

〔註88〕《邳縣歌謠集成》，歌中作此唱：「八月懷胎八月八，小奴走娘家，清子去晚上來早去還家」，頁204。至於其他地方類似的歌謠則較為寬鬆，如銅山縣作「八月懷胎，懷胎八月八，小奴走娘家，小奴走娘家，知心郎對奴說早去早還家。」，頁312。

〔註89〕見《海州民俗志》〈卷一‧生育‧打租批〉條，頁3。此一說法的原由是因為，房子一旦讓外人用來產子，會把房子裡的官氣與財氣帶走；但是如果是外人亡故於自家屋裡，亡人生時用不完的好運則會留下來。

〔註90〕見孔現舉唱〈銅山婦女十二月禁忌〉，收錄於銅山縣文化與體育局編《江蘇省非物質文化普查‧銅山縣資料彙編》〈人生禮俗〉類下冊，頁481，（徐州：銅山縣文化與體育局內部資料，2009年6月），共三冊。

〔註91〕筆者2008年元月返徐州時，回家當天正是農曆臘月初八。筆者二嬸刻意帶筆者在外用餐，不回家吃飯；筆者堂妹原訂於2011年四月某日自國外返徐，也因遇到農曆三月三而延後一日歸寧。可見此類風俗至少在徐州地區仍視為重要禁忌。只是目前多已知其然而不明其所以然了。

〔註92〕老公公，指舅翁。丈夫的父親。

〔註93〕蘇北俗「二月二，龍抬頭」，這一天蘇北家庭中要看燈、打蟲、圈蒼龍……，是重要的民俗節慶之一。

〔註94〕農曆三月三是清明節。

〔註95〕浴佛節，是佛爺生日。

不忌端午節，死她娘家爹；

不忌六月六〔註96〕，死她婆婆帶她舅；

不忌七月七〔註97〕，專門死自己；

不忌八月十五〔註98〕，死她公公帶她叔，

不忌九重陽，死她娘家爹和娘；

不忌十月一〔註99〕，也是死自己。

不忌十一月〔註100〕，死她娘家爹。

不忌臘八米〔註101〕，祖祖輩輩還不起。

這首禁忌歌訣中，每一個特定的時間都是一個節日或節慶；蘇北的婦女在這些日子絕對不可以回娘家；仔細看看，每隔一個月都有一天絕對不可歸寧；換言之，女性在娘家的時間再長也不能超過一個月。這樣的約束一方面是防止女性長時間滯留娘家不歸；另一方面這些禁忌的日子多是節慶，為過節所要準備的瑣事極多，因此以此近乎恫嚇的語言防止女性歸寧。

就算避開了種種禁忌、也取得了婆母的同意，回到娘家的女性也仍舊飽受兄嫂歧視。在生活歌或是兒歌中，有許多描寫出嫁女兒回娘家不受歡迎、甚至受了兄嫂閒氣的歌謠，傳神地摹寫出女兒們對嫂嫂的不滿與抱怨。如徐州市的〈大蓬車〔註102〕〉，寫出嫁女兒回到娘家時，與眾人互動的情境：

爹出來，接包袱；娘出來，抱娃娃。

哥出來，拉牲口，嫂嫂出來身搭扭。

嫂嫂嫂嫂你別扭，當天來，當天走，

不吃你的飯，不喝你的酒。

從父母的角度來看，已經出嫁的女兒回娘家是再期盼不過的事；然而對家庭中的備位女主人（媳婦）而言，小姑出嫁時已然耗費大量資財辦置嫁妝，小姑們婚後再回娘家，不無再搬家財的可能性。只是這種情況，如果出於父母的授意，就算兄嫂也無話可說。連雲港〈想起閨女莫養她〉〔註103〕中就這

〔註96〕六月六是敬天節。

〔註97〕七夕。

〔註98〕中秋節。

〔註99〕是蘇北俗稱的鬼節。

〔註100〕冬至。

〔註101〕十二月初八。

〔註102〕見《徐州市歌謠集成》，頁268。

〔註103〕見《海州童謠》，頁49。

麼唱著：

> 白果樹，開白花，想起閨女莫養她。
>
> 來家就要針和線，回家又要禮送她。
>
> 一擔挑，不喜歡；二擔挑，笑哈哈。

已出嫁的女兒也明白自己歸寧不受歡迎，所以往往一進門就先聲明：「不吃你的飯，不喝你的酒」，以解除嫂嫂的武裝。類似的歌謠在蘇北十分普遍，包括：「有俺爹娘來一趟，無俺爹娘不占來〔註104〕」；「有俺爹娘來兩趟，沒俺爹娘隨多會〔註105〕不扎你門旁〔註106〕」、甚至是「有咱娘，來兩趟；無咱娘，永不來」等類似的歌謠，在生活歌及兒歌中都見得到。如此無奈的心境，直與閩南方言中「父死路頭遠，母死路頭斷〔註107〕」之說有著異曲同工的況味！

姑嫂之間的不諧，可視爲中國傳統家庭中婆媳之爭的延續：從媳婦的角度來看，卑微如她在夫家唯一可以昂頭挺身、以高姿態相待的對象，就是已經出嫁的小姑。因爲在舊時代的微妙家庭關係中，嫁出去的女兒已成「外家人」；娶進門的媳婦卻「死是自家鬼」；「傳媳不傳女」正是這種內外之別心態的印證。由是之故，以內對外，媳婦自然可以對小姑這個「外家人」不假辭色。

表面上而言，嫂嫂不喜歡小姑回娘家的原因，是由於增加了媳婦的家務負擔；實際上，出了嫁的小姑總是公婆的心頭寶，何況她們比自己更熟悉家庭中原有的生活習慣與觀念；這些已經出嫁了的大姑小姑，簡直像是是憑空增添的監督人，如何不令媳婦倍感壓力！除非小姑主動釋出善意，否則在蘇北過去以大家庭爲主要型態的生活中，類似的爭鬥很難自大家庭的生活型態中摒除。

更進一步來看，如果說姑嫂之爭是婆媳之爭的延續，那麼在歌謠中常見的妗甥情節又再爲姑嫂之爭開闢了另一處新戰場。〔註108〕在兒童的世界裡，母親是他們所有認知與觀念建立的起點；也因此母親與妗子之間的姑嫂之

〔註104〕見《睢寧縣歌謠集成》，頁 131。

〔註105〕蘇北方言，意謂「無論如何」、「再短的時間」。

〔註106〕見新沂歌謠〈娘家行〉，頁 123～124。

〔註107〕指對出嫁女兒來說，失去父親還有母親可以依靠；一旦失去母親，娘家就再無可依戀之處了。此語一方面強調出嫁女兒的無奈，一方面也說明了母親對於同樣身爲人媳的女兒，其重要意義除了有原本母女之愛以外，也是世間唯一能體會女兒爲人妻之後種種苦處者。一旦失去了母親，娘家就難再有提供心理上庇蔭的人了；也因此勢同與娘家斷了路、再也沒有回去的理由了。

〔註108〕參見本文第陸章第二節〈兒歌‧認知歌‧人際關係歌〉。

爭，透過親子互動自然而然地直接向下延伸至兒童身上，使得兒童成為母親的代言人，繼續著未完的姑嫂戰爭。於是這類以妗甥情結為主題的兒歌就這麼開始傳唱了起來。這些歌中的兒童一方面藉由歌謠打趣妗子的小氣；另一方面也在兒歌中替母親發洩出憤憤不平之聲。周作人曾說：「兒戲者，兒童自戲自歌之詞，然兒童聞母歌而識之，則亦自歌之。」〔註109〕此言點出兒歌與母親之間密切的關聯性。就實例來看，在連雲港的〈小喜鵲 1〔註110〕〉中，兒童就對妗子大聲宣告著自己不屑久留的打算，那口吻直如婦女歸寧時對兄嫂的宣告：

　　……

　　　大舅母，你莫瞅，鐵樹開花我就走。

　　　哪條河溝沒石頭，哪家小孩沒有舅！

說是要走，可是「鐵樹開花」又豈是隨時都有！此歌的同宗兒歌中，也有將鐵樹開花換成「蕎麥開花〔註111〕」或是「豌豆開花〔註112〕」，不過都只是用來氣妗子的一種說法而已。也有的歌謠是以打趣妗子的小心眼或生氣為樂，如徐州市的〈篩籮籮〔註113〕〉：

　　……

　　　姥娘沒在家，氣的妗子吱哇哇。

　　　吱哇鍋屋裡，變個老母雞，

　　　吱哇門後頭，變個老兕牛。

　　這些歌謠所反映的，是外甥與舅母間無法交融的感情。如果單從家族關係的親密度來看，外甥與舅母之間實在沒有理由如此水火不容；何況兒童單純樸稚，舅母何需怨妒？然而究其源頭，這一切的困擾還是來自於婆媳間的不睦、經過發酵及累積後旁向衍生出姑嫂齟齬；再延續發展成妗甥情節。舊時代大家庭的生活點滴，透過歌謠再度呈現於今人面前。

　　幸而這些長期以來的家庭紛擾，時至今日已隨著時代變遷、小家庭制度的普及而日漸消弭，只留下一首首的歌謠，供後人玩味體會當時婦女的歸寧

〔註109〕見周作人撰〈兒歌之研究〉，收於鍾敬文編《歌謠論集》，頁88。
〔註110〕見《海州童謠》，頁56。
〔註111〕見《海州童謠》〈花喜鵲 3〉，頁60。
〔註112〕見《銅山縣歌謠集成》〈小豆芽，彎彎鉤〉，頁 205：《邳縣歌謠集成》〈小豆芽〉，頁242。
〔註113〕見《徐州市歌謠集成》，頁361

之難。

（四）「良人者，所仰望而終生，今若此」〔註114〕

蘇北歌謠中，有許多關於婚姻生活的描述。不過這些歌謠大多從妻子們的角度，唱著對丈夫的不滿及憂思。

從歌謠中我們可以看到各式各樣令妻子頭痛的丈夫，包括吃大煙的、愛賭的；打老婆的、尋花眼柳的；甚至還有打著老婆主意想要賣老婆的，以及患有心智障礙而無法共諧天倫的丈夫。這些丈夫讓妻子們傷透了腦筋，不得不藉歌謠哭訴著自己的薄命、或是以回娘家為要脅，請求丈夫能改過向善。也有婦女在苦勸無效後，索性以性命相脅；至於能夠像歌謠中的楊大嫂那樣，在時代變遷之後能為自己出口氣、掙得一張離婚證書者，可以說是少之又少的幸運兒，也代表女性終於在千百年的桎梏之後，得到自主的權利。

相對於上述那些婦女的所適非人，嫁得一位勤奮工作的丈夫就讓人安心得多。然而丈夫的勤奮工作，卻不代表妻子必然可過著幸福的家庭生活。〈琵琶行〉裡的「商人重利輕別離」，與蘇北歌謠中的〈十二月思夫〉、〈想郎歌〉，隔著千百年的時空遙遙呼應著商人婦的艱辛與悲哀。這些婦女不但要獨力扛起瑣碎家務、還得負起照顧家庭、撫老育幼的重責大任。即便如此，婦女們面對丈夫不得不然的離家遠行，還是得要打起精神、溫柔鼓勵。那些交雜在生計與「刮風不如下點小雨，下點雨留我的郎，多過一分鐘」〔註115〕下的矛盾心境，不難從一首首的〈送郎〉、〈送郎哥〉中看得出來。歌謠中所流露出妻子們對丈夫的遠行有充滿不捨與不安全感；卻不得不放手任其出外闖盪。如此複雜的心緒，全部轉化為臨別前對丈夫的切切叮嚀，令人為之動容。

同樣要面對丈夫離家之痛的，還有丈夫被徵召入伍、被抓兵離家的婦女。這些婦女的丈夫或是自願入伍；或是被動地被抓伕；然而無論原因為何，這些入伍從軍及離家逐利的丈夫們，同樣都留下一攤家計由妻子承擔。

從這個角度來看，女性對一個家庭的影響實在非比尋常。一個喪妻的寡夫在面對家計與撫育幼兒時所唱訴的心酸痛苦固然令人悲憐難止；但是相對於婦女的韌性與能耐相對而言就顯得微不足道。一個丈夫離家的婦女，可以在撫育幼子的同時賣餃子維持家計；也可以針線活養育家人；更可以製鞋賣

〔註114〕見《孟子》〈離婁章句・下〉，（http://www.chineseclassic.com/13jing/montzu/ch08_4.htm，最後查閱日期：20110617）

〔註115〕見《銅山縣歌謠集成》〈送郎哥〉，頁118。

鞋維生……。如此的堅毅韌性，是堂堂男兒們所無法比擬的。這些情境在蘇北歌謠中並不罕見。無論是時政歌、思別歌、送別歌、生活歌……中，都可以了解到女性為了守護家庭所付出的心思與努力，令人在感佩之餘，忍不住對女性的勇敢與堅持大聲喝彩。

如果要為上述歌謠中這些堅強的婦女們強加定義，則「等待」可能是她們共通的印記。某種程度上看來，這些與婦女生活息息相關的歌謠，除了在某種程度上反映出早期社會中兩性不平等的狀況外，也間接顯示出社會對於女性的道德標準設定之高，為對男性所不及。在以男性為家庭經濟主要來源的社會中，為了維持家計，男性大可以各種理由自在的來去於各地；女性卻必須深守閨門，過著「大門不出、二門不邁」的生活，同時承受孤獨與寂寞的痛苦。

另一方面，對已婚者而言，傳統社會中「男主外、女主內」的性別分工原則，也是使女性失去自我謀生能力的重要原因；自古以來女性非「絲羅附喬木」不能生存，形成女性對男子在經濟及情感上的雙重依賴。無論男子外出的原因是應考、經商、為官、從軍、謀生……等，女子都必須滯守在家中，擔負起生人、養人、侍候人的重責大任；即便有些男子數年不歸（甚至如隨國府播遷來台的多數軍人，在政治的因素下終生杳無音訊），在家守候的女子也會大多依然故我地堅守崗位，並以此被視之為貞婦賢妻。故而當「等待」成為多數婦女歌謠中表達女性情感的主題時，其實也正顯示出大量以「等郎」、「盼郎」、「哭／罵五更」、「四季相思」、「十二月唱春」為題的歌調中，所反映出女性的真實痛苦與悲哀。

也就在年復一年的等待裡，「忍耐孤獨」被普遍內化為蘇北家庭獨對女性要求的特質。如果將此特質與婚儀歌中，部份婆婆對還未進門的媳婦施以「捺性」、「拘性」等延遲下轎及拜堂的儀式及觀點結合，不難看出早期在家庭規範中，對女性「忍耐」度的要求之殷切，有著多麼深刻且不人道的時代與社會背景因素。

在社會風氣的使然之下，婦女無從選擇、也無從逃避帶來分離與不幸的丈夫，幾乎一直是傳統中國社會裡不變的事實；那聲「良人者，所仰望而終生也，今若此」的喟嘆，在中國社會中綿延了數千年卻依然故我。即便到了現代，男女平權的觀念普及於社會中，然而長期以來對女性的要求與風氣，卻讓不少婦女仍舊在不幸的婚姻中噤聲不語，默默承受著丈夫加諸於她們身

上的折磨與心酸。

三、寡居與暮年

一般而言的寡居，是指丈夫去世之後的生活。然而蘇北婦女真實體驗的寡居歲月，其實不見得僅見於丈夫辭世之後。那些因為丈夫從軍、一去臺灣經數十年不回的女性，如果沒有再嫁，其生涯亦與寡居婦女無異。

無論是哪一種情況造成獨居，這些婦女生活中最大的安慰其實來自於子女的成長；也因此以「教子」為主題的歌謠（如〈老牛教子〉〈十大勸〉……等），句句唱出了為人父母者的苦心與期待；另一方面，也有歌謠如〈養兒難〉，用以勸喻世間父母，勿對子女抱持過高的期望，點破「養兒防老」其實只是可遇而不可求的理想，讓為人父母者早作他謀，以免屆時受到子女冷落而痛心疾首。

從某種程度上觀之，蘇北社會與中國其他地區在孝親觀念上大同小異：著名的〈花喜鵲〉、〈吃黃梨〉等故事，不止在蘇北出現，早在民國十四年左右劉經菴編纂《歌謠與婦女》一書時，類似的歌謠在華北已然十分普遍〔註116〕。這樣的傳播情況固然反映出我國文化中對於孝道的堅持與重視；另一方面卻也同時反映出為人母者的焦慮與憂心：中國傳統社會中，毫無自我經濟能力及家庭地位的女性在婚後地位形同家奴，使得她們將人生全部的希望投注在對子女的長成及期待上；女性不像男性可將生活重心分散在事業或工作上，所以使得女性在無所寄託的情況下，不自覺地視子女為自己的私產，對其百般呵護、細心教導，不但以子女成就為自身榮辱的憑藉；更以子女長成後是否回饋作為自身教導子女成功與否、及女性自我人生幸與不幸的評估標準。

承上所言，多數歌謠中責備不孝子的內容，大多以指責其冷落母親為主；更有歌謠直接以〈娘的恩情難報償〉〔註117〕為題，點明母親比父親在養育子女的過程中，付出更多的心力。這些情況一方面反應出我國社會文化中，以「孝」為評定道德高低標準的普遍意識；另一方面，卻也反應出蘇北社會中，視子女為自我人生延伸或私產的潛意識，深深影響了女性在家庭中的人際關係，更是形成如婆媳之爭、姑嫂情節、妯娌情節等問題的根由原因。所以多

〔註116〕見劉經菴編《歌謠與婦女》，頁102～114。
〔註117〕見《徐州市歌謠集成》，頁247。

數關於婦女寡居及暮年之後的歌謠，在情緒上都哀慟欲絕。不是悲嘆著養兒不防老、就是如巫覡般預示著「養兒未必防老」的觀點。

劉經菴認爲，這類以「娶了媳婦忘了娘」爲母題的歌謠之普遍，是反映了中國社會「夫死從子」觀點的失敗。這個說法固然正確，然而他並沒有發現眞正造成這個觀點失敗的原因，根本無關於當時社會上所爭議之「忤逆子愛妻是否應當」的論戰上〔註118〕；反而是如前文所言，此乃基於早期我國農業社會中，婦女視子女爲私產、並將自己的人生希望完全寄託於兒子身上、毫無自我人生規劃的概念所致。從這個角度來看，這些歌謠除了讓今人了解到早期農業社會中婦女人格無法獨立自主的悲哀，同時也在今古對照之間，看見時代進步之下思想開放，對社會、家庭及人際關係所造成的巨大影響。

第三節　歌謠與經濟

歌謠作爲反映民間生活的主要工具，其內容當然與民生問題息息相關。除勞動歌謠以外，其他各類歌謠也在不同主題及目的性的唱詞中，傳達出蘇北地方經濟發展的重心。今人除了可以在歌謠中看出不同地域經濟水準的差異、以及對特有行業的經驗傳承之外，同時也可以看出蘇北地區的經濟型態及特色。

此外，蘇北歌謠中再度印證了歌謠與女性的關係密切，就連以經濟活動爲主題的歌謠也不例外。以下將就農業歌謠、商業歌謠所反映出的蘇北社會、以及蘇北歌謠中所表現的社會貧富不均三個方向來加以討論蘇北歌謠中所反映的地方經濟。

一、農業歌謠所反映的蘇北社會

蘇北地方位處黃淮平原下游，土壤肥沃、適合農業發展。又因爲氣候四季分明，所以限制了農業生產的時程與種類。無論是主要作物或是經濟作物，關於蘇北農業的知識與特色，歌謠中都有所反映。包括「從同宗歌謠觀察蘇北常見的農業景觀」；從「歌謠看蘇北常見的作物種類」；以及「歌謠中所展現的蘇北農業特產及相關常識」等。

〔註118〕參見劉經菴撰〈她的兒子〉，收錄於劉經菴編《歌謠與婦女》，頁103。

（一）從同宗歌謠觀察蘇北常見的農業景觀

顧頡剛在〈起興〉一文中，以蘇州歌謠中的兩句歌詞，解釋了歌者的苦悶與起興的需要：「山歌好唱起頭難，起子頭來便不難」，以此認爲歌謠起興時的指涉，不盡然與歌謠內容相關；否則就不應稱之爲「興」而應稱之爲「比」。〔註119〕

然則無論是將歌謠的開頭定義爲「興」或是「比」，都不能遮掩蘇北地區同宗歌謠的起頭處，所反映出來的農業景觀及特色。以描述繼母無情的〈小白菜〉及其同宗歌謠爲例，在蘇北地區，此歌有以下版本：

1. 銅山縣〈親娘晚娘不一樣〉：

扒根草，拖路旁，我到河邊放牛羊。

牛羊趕到河灘上，想起家事淚汪汪。

黃河水，長又長，爹爹狠心娶晚娘。

晚娘來到俺家裡，苦了我這放牛郎。

桃花紅，**菜花黃**，親娘晚娘不一樣。

……〔註120〕

2. 銅山縣〈親娘和晚娘〉：

小麥芒，滿地黃，三生四歲沒有娘，

跟著爹爹還好過，就怕爹爹娶晚娘。……〔註121〕

3. 睢寧縣〈小白菜〉：

小白菜，點點黃，三歲四歲沒有娘。

跟著爸爸還好過，就怕爸爸娶晚娘。……〔註122〕

4. 新沂縣〈小白菜〉：

小白菜，點點黃，三歲兩歲沒有娘。

跟了爸爸還好過，只怕爸爸娶後娘。……〔註123〕

5. 連雲港市〈小白菜〉：

小白菜，遍地黃，兩三歲，沒了娘。

跟著爸爸還好過，就怕爸爸娶後娘……〔註124〕

〔註119〕見顧頡剛撰〈起興〉，收錄於收於鍾敬文編《歌謠論集》，頁97～104。

〔註120〕見《銅山縣歌謠集成》，頁137。

〔註121〕見《銅山縣歌謠集成》，頁250。

〔註122〕見《睢寧縣歌謠集成》〈小白菜〉，頁90。

〔註123〕見《新沂縣歌謠集成》，頁137。

如果依照顧頡剛所言，蘇州歌謠中以「陽山」爲歌謠起頭的原因是由於「陽山是蘇州一帶最高的山，容易望見，所以隨口拿來開個頭」〔註125〕，那麼說蘇北歌謠中〈小白菜〉及其同宗歌謠，開頭正反映了蘇北地方普遍的農業景觀，不但可確認顧頡剛所言實在是理所當然；同時也與蘇北地方栽種的作物情況相契合；換言之，如果在生活中不曾、或不常見到這類作物，要以之爲歌頭，實在是強人所難。由此觀之，歌謠中適足地反映特定地區的農業景觀。

除此之外，從以上歌謠中可知，這些唱喻晚娘不如親娘的歌謠反映出以下幾點：

其一：在顏色的使用上，均以「黃」爲主：無論是小麥、菜花或是發黃的小白菜，「黃」的使用一方面與後文「娘」、「樣」等字諧韻；另一方面，「黃色」除了有權力的意象外，同時也有警示感〔註126〕。以「黃」的警示意象來喻示晚娘以高位親權所將帶來的壓迫與欺凌，成爲色彩意象與實際狀況切合的應用實例。

其二：此類同宗歌謠中的「小白菜，點點黃」，反映出小白菜在種植及採收過程中，只要稍有不愼（如水份不足、日照猛烈），就會在葉子上出現點點黃斑。這類小白菜賣相不佳，對價格大有影響；這樣的結果之於辛苦耕作的農民而言，自然會使他們心頭淌血。也因此「點點黃」的小白菜，所反映出的悲苦情境；最貼合於受晚娘欺凌的繼子心聲：這些受虐繼子們心靈上的敏感與悲苦，正與脆弱的小白菜相當，也因此最常被用於歌謠起始處〔註127〕。相對於此，菜花及麥芒的黃，就只有在色彩意象上引人同感了。也因此這類歌謠仍是以「小白菜」爲起首的內容最普遍。

其三，回歸歌謠內容來看，蘇北的〈小白菜〉其同宗歌謠，反映出蘇北地區常見的作物種類，包括小麥、油菜花及小白菜。

（二）從歌謠中看蘇北常見的作物種類

從同宗歌謠中固然可以看出蘇北地區的作物景觀，但是其採樣範圍畢竟有限。如果轉換採樣角度，則今人亦可從蘇北歌謠中，看出蘇北地區民眾平

〔註124〕見《海州童謠》，頁83。
〔註125〕見顧頡剛撰〈起興〉，收錄於收於鍾敬文編《歌謠論集》，頁101。
〔註126〕見王強強撰〈色彩在文化中的象徵意義──以臺灣和美國爲例〉，頁43～44。臺灣師範大學設計研究所碩士論文，民96年。
〔註127〕華北地區〈小白菜〉的同宗歌謠，也是以「小白菜」起興者爲多。

日常見的作物及花卉內容以及種類。

蘇北歌謠的內容中，除了以單一品項作物為主題的歌謠（如〈種棉歌〉、〈摘梅豆〉、〈麥黃餓得臉兒黃〉、〈毛地梨〉、〈紅秫秸〉等歌謠）以外，在同一首歌中涉及大量植物及花卉種類的，包括有〈菜園大戰〉、〈百花爭鬥〉、〈胡打算〉及〈自在人〉等歌。這些歌謠比起以單一品項為內容的歌謠更足以全面性地展現蘇北作物的種類及內容。

以食用作物為例，〈菜園大戰〉裡將各種菜蔬擬人為戰爭角色的手法，不但表現了菜蔬的特色，同時也可以看出蘇北尋常百姓家中菜園裡常見的菜蔬種類。至於〈胡打算〉，為了表現出胡打算發財致富之後家業的宏大與興盛，在歌謠裡不厭其煩地一一陳述出果園及菜園中所種植的品項，其內容又較〈菜園大戰〉更繁多。類似的情況也在〈自在人〉中可以見到。

至於蘇北常見花卉，當推〈百花爭鬥〉一歌為指標。歌中所列出來的花卉種類、以及園良植栽的形式，就是一張蘇北花卉清單，足以反映出當地觀賞類植物的特色。

隨著科技的進步，農業栽培固然可利用延長日照、溫溼度調整的方法來增加種類；但是如要就原始的生長條件而論，歌謠中所開列的名目可以說是再切合地理特質不過了：如〈百花爭鬥〉中的花王牡丹，在華北地區極為常見；但是在臺灣地區卻是稀有罕見的花卉；又如〈胡打算〉作物中的「秫秸」（高粱），在臺灣地區（金門除外）亦非主要雜糧作物；〈菜園大戰〉中的青蘿蔔，在蘇北是冬季是補充水份的常見果疏，多用於生食，其地位類同於水果；但這項功能在號稱水果天堂的臺灣地區卻完全不曾出現……。這些在當地人眼中司空見慣的尋常事，不但完全反映出該地區的農業特產及特色；同時也讓外地人了解不同地區的氣候及農產差異，可以說是歌謠在娛樂等功能之外，另一項展現地方特色的功用。

（三）從歌謠中看蘇北的農業特產與相關種植常識

蘇北歌謠除了足以反映出地區性的農業種植特色之外，對於地區的特有農產也有一定程度的介紹。例如連雲港市雲台山所出產的雲霧茶就是一例。

雲霧茶是連雲港市的特產。在雲台山區及西北部丘陵地帶原有零星茶園，其茶樹品種是由宋代僧人移植自福建武夷山區而來。初時種植在雲台山近海高處岩崖下、經逐步推廣擴充而成今日規模。武夷山茶本有岩茶之稱，多生長在貧瘠岩縫之中；移植雲台山後，經歷數百年的培育，已然具有「葉

厚、湯綠、味醇」等獨樹一格的特色。由於此茶常年處於雲霧之中，故名「雲霧茶」〔註128〕，是蘇北重要的特色農產。

　　在連雲港地區的農事歌中，有三首以茶農為主題的歌謠，其中除了可以看出連雲港地區茶葉生產的狀況及茶農一年四季的工作重點之外，還可以看出茶葉的產銷路線〔註129〕。

　　同樣可見到農業生產常識的歌謠，還包括有〈種棉歌〉、〈收麥歌〉等以農作為單一主題的歌謠、以及〈多三九歌〉、〈夏三九歌〉、〈四季歌〉……等涵藏在各類別歌謠中的農業知識，除了可作為農夫參考的指標以外，也提供大眾瞭解農業生活的機會。

二、商業歌謠所反映的蘇北社會

　　中國社會長期以來視商業為四民之末。然而「賈人搬有運無」卻是帶動社會經濟流通的主力。儘管商業經營的辛苦，在邳縣歌謠〈創業難〉中有描述：「創業難，創業難。五更起，半夜眠，創成家業如登山。」〔註130〕不過在誘人利潤的蠱動下，無論商業經營再怎麼辛苦，也都能吸引有心人投入。蘇北歌謠中，有許多內容反映出商業經營的甘苦：無論是從正面書寫經商人的足跡、或是從側面敘寫商人婦的哀傷……等，都是反映出蘇北商業發展的實況。本單元中將就蘇北商業歌謠中所反映出的社會意義加以討論，大致可分為「叫賣歌的娛樂效益」、「貨郎經濟反映女性消費型態」、「從歌謠看婦女投入的商業活動」、「商業歌謠反映的地方特色產業」、以及「蘇北對外的商業經營模式」等五項。其中除了「婦女投入的商業活動」一項之外，其餘皆以男性為經營者。試論析如下。

（一）蘇北對外的商業經營模式

　　蘇北地方與商業相關的歌謠，可以看出穿越蘇北的大運河對百姓生計影響之鉅。最起碼來說，那些藉由連雲港海運或是大運河船運往四處經商的例子並不罕見。無論是販鹽、販茶、販米，都是蘇北地方常見的營生種類。這

〔註128〕參見劉兆元著《海州民俗志》，頁270。
〔註129〕如〈採茶調〉中歌道「九月採茶採成籃，俺上揚州去催船……十月採茶採成堆，俺上揚州雇車推……十一月採茶到山西，寒冬冷水就冷饃……十二月採茶到山東，十趟茶籃九趟空……」歌中的「採茶」只是歌中重覆的形式，並非都是指真實的採茶工作。見《連雲港市歌謠集成》，頁913～914。
〔註130〕見《邳縣歌謠集成》，頁190。

類的流通方式，尤其在情歌的〈花船調〉及其同宗歌謠中最為明顯，無論是〈花船調〉、〈一只花船〉、〈八幫舟船〉、或是〈四隻小船漂四方〉，歌謠中的男子都以船運經營商業為主，一邊搬有運無，一面對心上人傳情遞意。

這些歌謠一方面反映出蘇北對外的商業經營模式，另一方面也反應出物產的生產狀況。以大米為例，蘇北地區所生產的白米（大米），在自給之外，還能向外販售。如童謠中的〈小扁擔〉〔註131〕就是這樣唱道：

> 小扁擔，軟溜溜，挑白米，上揚州。
>
> 揚州誇我好白米，我誇揚州好丫頭。
>
> 紅頭繩，扎辮子，青布褂子紅紐扣。

歌中表現出的白米產銷路線，帶有陸路的成份。此外，從連雲港〈採茶調〉中，可以看出連雲港地區雲霧茶是以舟車兩種交通工具雙管齊下，經營範圍至少南到揚州、北達山西。至於蘇北歌謠中的〈背鹽號子〉，也反映出蘇北鹽產的運送，除眾所週知以大運河船運以外，人工背馱的陸運也是小規模近乎零售的銷售方式之一。

（二）叫賣歌的娛樂效益

蘇北歌謠中所可見到的叫賣歌，與部份等地區短捷有力、如歌般具有特殊腔調及節奏韻律的叫賣歌不同：蘇北地區的叫賣歌，大多以娛樂性及故事性取勝。

包括〈換破爛歌〉、〈賣香草歌〉、〈五香麵歌〉、〈賣膏藥〉、〈草藥謠〉、〈搖糖球歌〉、〈賣老鼠藥〉、〈賣針謠〉等在內的叫賣歌，內容不單純只有吆喝叫賣；同時加入貨品本身的特色及功效，將之編織成一首首具有情節的歌謠。這些詼諧逗趣的叫賣歌，隨著走賣商人四處流布，所到之處，大多能以精彩豐富的故事，吸引人群佇足圍觀，同時也達到了最佳的宣傳效果。

以邳縣的〈草藥謠〉為例，歌中將所有中藥材的名字，依名稱特色或外形特徵予以擬人化，編造成一段帶有故事情節的歌謠，無論任何時間加入圍觀行列，都能聽到精彩的藥材大戰：

> 一進棚，豆蔻香，豆枝棚頂有檳榔。
>
> 桃仁陪伴杏仁坐，丁香斜跨陳香旁。
>
> 甘草四妹打個盹，膽大的木賊跳過牆。
>
> 先偷水銀三十兩，又盜檳榔與麝香。

〔註131〕見《海州童謠》，頁2。

珍珠瑪瑙盜了淨，雄黃狗寶一掃光。……〔註132〕

不止在邳縣，徐州市的〈賣香草歌〉〔註133〕也有類似的唱詞：

月在東山夜正長，砂仁的木賊跳過牆，

盜走了水銀五十兩，偷走了冰片和麝香。

院內躺著枸杞子，趙得柴胡鬧嚷嚷。

金絲狗不住地汪汪叫，驚醒了上房的小紅娘。

喚之喚，喚醒了雄黃、地丁人兩個，

拿著鈎藤趕涼薑。

趕之趕，趕到了薄霧、連翹外，

麻黃坡裡動刀槍。

拿到了木賊人一個，送到了官桂大堂上。

大堂上坐著香附子，兩邊排著小茴香。

牙皂手持三塊板，板板打在人蔘上。

打得陳皮流血羯，血點滴在地黃上。

木賊下在南牢內，黃柏哭得淚汪汪。

蒼耳子曉知這件事，捨了桔紅救檳榔。

至於〈搖糖球〉及〈賣針謠〉，則是以歷史人物故事為主題，串起一段段的唱詞，在叫賣的同時，走唱說書，把蘇北地方熟悉的名人軼事串入歌中，沿街傳播。還有〈換破爛歌〉及〈賣老鼠藥〉，則會當機立斷地視現場圍觀者的反應及情形，隨機即興地唱賣，是幾種叫賣歌中最能抓住現場圍觀者注意力及心思的叫賣方式，也往往引得圍觀者在歌謠的慫恿及鼓勵下，樂得掏錢成交。

這些叫賣歌的表演成份都高過於對物品本身的宣傳；完全藉由商品以外的特色及橋段作為招徠顧客的手段。歌謠中提供了強烈的娛樂功能，在叫賣之外，也樹立了叫賣者的個人風格、形成活招牌：不但成為商業經營的特色，更是居民平日間休憩的娛樂管道，可以說是具有娛樂功能的商業行為。

（三）歌謠中婦女主導的商業活動

藉由蘇北歌謠的反映，可知多數的商業經營是由男性主導。但在中下層社會中，女性為了協助家計，可以一己之力從事商業經營。透過從歌謠內容

〔註132〕見《邳縣歌謠集成》，頁253。

〔註133〕見《徐州市歌謠集成》，頁34。

分析可知，婦女經商的類型主要以女性擅長的手工藝及小吃為主。

以對日抗戰前後流行於蘇北魯南的歌謠〈賣餃子〉為例，歌中女主角的丈夫應徵召入伍，女子為維持家計，挑著擔子叫賣現煮的餃子。這樣的工作本是婦女在家庭中的必備技能，如今成為沿街叫賣的小吃，自然廣受歡迎。這是蘇北歌謠中，婦女投入商業經營的代表歌謠之一。

除了上街賣餃子之外，賣鞋也是抗戰勝利前後，婦女一項重要的經商項目。民國成立以後，製鞋業雖然開始發展，但是抗戰期間，受日軍佔領地區的鞋廠被日軍徵用以供軍需；其餘則供應國府軍隊所需，這些是造成抗戰時期社會上開始出現叫賣自製布鞋的原因〔註134〕。也因此出現許多以賣鞋為主題的歌謠。幸而這項工作是當地婦女從小就必須學習的女紅之一，如今剛好轉而成為養家糊口的生財工藝，也提供社會人士便利的穿著。是以在蘇北歌謠中，〈王三姐賣鞋〉、〈王大姐賣鞋〉、〈賣鞋〉等歌謠，非常普遍。

除去前述二種商業經營項目以外，歌謠中可見蘇北婦女投入的商業活動，還有在家繡織。

關於刺繡養家，銅山縣歌謠〈石榴樹開紅花〉〔註135〕可作為一個明顯的例子，歌中新嫁娘的婆母嫌棄她「嫁妝什麼都沒有，只備繡花機一架」，認為「為何不陪針珠寶？為何不陪綾羅紗？」只見新娘不徐不疾恭敬地回答到道：

> 尊聲婆母聽兒話，
>
> 妝奩重值千金價，都是閒著不用它。
>
> 那座織機編花樣，日日賺錢能發家。

對於女子以女紅發家，在此有了明確的佐證。蘇北婦女或是在家接案刺繡，或是如連雲港歌謠〈楊小姐出嫁〉及〈房四姐〉等歌中的內容，精通刺繡的婦女也可能直接由雇主接到府中上工，這種情況下，除了奉上工資以外，繡婦的食宿也由雇主負責打理。可見只要手藝好，刺繡也是婦女所能自立更生的方式之一。〔註136〕

〔註134〕參見金師榮華著《清末民初一個上海實業家的故事──徐寶富傳》〈第一章·傳奇一生〉，（台北：中國口傳文學學會，民96年），頁21～23。

〔註135〕見《銅山縣歌謠集成》，頁154～155。

〔註136〕這種情況不只在蘇北可見，臺灣女作家蕭麗紅的成名作《桂花巷》中女主角剔紅，就是因為手藝精湛而受到地方上的歡迎，到後來老闆為了讓她免於奔波之苦，還讓她把繡品帶回家製作，一方面可以省下往來的時間；另一方面也可以讓她照顧幼弟。最後剔紅就是因為這樣，被大戶人家看中、迎娶為媳。

紡紗織布則更不待說。蘇北地方的經濟作物中，棉花為重要產物之一，也因此帶動家庭紡織業的興起。不論在勞動歌、兒歌、雜歌〔註137〕……等類別中，都有靠家庭織績以增加收入的蹤跡。以上幾類，都是由婦女主導或參與的商業活動。

（四）貨郎經濟反映女性消費型態

現代社會由於網際網路發達，開始出現以「宅配」為主的相關經濟活動。其特徵是送貨到府，便於買賣雙方如期交易。這樣的經營模式，在中國社會中並不稀奇，因為「貨郎」正是商業經營中，宅配到府的始祖。

我國傳統社會風俗，稍有門第的婦女及未婚姑娘都不可輕易出閨門購物，因此日常所需的胭脂花粉、頭繩鞋帶、梳篦首飾、花針花線、甚至是花布鈕扣……等等，都由手持貨郎鼓的貨郎走庄串巷地運銷到府。類似的情況在蘇北歌謠中也可以見到。

蘇北貨郎自有其行規行俗，據劉兆元《海州民俗志》〈貨郎〉條下說明可知，貨郎肩挑「貨郎挑子」，挑子兩端分別為鑲有一片玻璃以陳列貨品的「亮櫃」；另一頭則是類似倉庫功能的木製「手櫃」。手櫃上另置一個柳條編製的長方形「元寶匾子」，用以交接金錢之用。舊時貨郎雖然可以入屋販售，但是買賣兩方不可有任何接觸；貨郎也只能低頭作生意，不可抬頭看人〔註138〕。交付金錢時，婦女會把銀錢置於「元寶匾子」裡，貨郎再拿過匾子點收。

至於貨郎手上的篗浪鼓也有一定的規格。此鼓蘇北俗稱「貨郎鼓」；雅稱「喚嬌娘」，固定由一小鑼、小鼓及流星小球組成。貨郎進村庄與出村庄，都要各搖三下，名為「三上庄、三出庄」。到了庄內，則改搖兩長一短，以示貨郎來到，讓有需求的家庭召之進屋洽商。

貨郎所反映出的交易方式，其實與中國社會中父權至上的心態有密切關係。以父權為主的社會，視婦女為家產，必須以限制自由來確保婦女名聲與貞操。也因為如此，為避免因家中女性隨意至街上拋頭露面、引來不必要的蜚短流長，故而衍生出貨郎這種行業。也有女性經濟人，同樣如同貨郎般抱

見蕭麗紅著《桂花巷》，〈台北：聯經，1977年初版）。

〔註137〕如邳縣〈紡紗織布歌〉；〈種棉歌〉；銅山縣〈千家贊——見紡紗的〉；徐州市兒歌〈月老娘，黃巴巴〉等。

〔註138〕《連雲港市歌謠集成》中的〈小貨郎〉，就是描述小貨郎抬頭看了主顧姑娘，一時間意亂情迷，回家後相思成疾。最後是被請來治病的獸醫正言斥責，才清醒過來。這種情況常被才子佳人小說借題發揮。

著箱籠盒子走家串戶，進行買賣，不過通常這類女性的地位在社會眼中即同於三姑六婆，不受尊重。

　　蘇北歌謠中所可見到以貨郎爲題或是內容涉及貨郎的歌謠，包括有新沂的兒歌〈小貨郎〉、連雲港市兒歌〈一個不浪追貨郎〉、〈貨郎鼓〉、〈小貨郎〉、邳縣〈繡荷包〉……等，都與貨郎有關。由於女性長時間禁閉家中，貨郎成爲唯一可與之光明正大相處的外來異性，所以少數歌謠中會出現打趣女性與貨郎之間曖昧關係的內容。從商業經營的角度來看，貨郎經濟完全反映出消費市場上女性的消費習慣與能力。然而隨著時代進步、男女平權的觀念普遍，當女性不再受到禁錮之後，「貨郎」也隨之成爲歷史遺跡、日漸式微。

（五）商業歌謠中反映出地方特色產業

　　蘇北的商業歌謠中具有地方產業特色的，當推〈賣針歌〉系列爲代表。這是因爲邳縣的刺繡及剪紙，是蘇北具有代表性的民間工藝。也因此在歌謠中，以剪紙及刺繡爲內容的歌謠，反映了這項蘇北工藝技術特色。

　　蘇北歌謠中，有大量以刺繡爲主題的歌謠，無論是〈繡十字〉、〈繡花燈〉、〈繡荷包〉、〈繡絨肩〉、〈繡花瓶〉……等，皆是以「繡」爲主題的歌謠；至於儀式歌〈看新娘〉之類的鬧房歌曲中，也有許多藉由觀看新娘嫁衣上的精美刺繡以彰顯細膩的刺繡技巧，由此也可見刺繡工藝在蘇北受重視的程度。

　　在剪紙方面，邳縣有〈剪豆粒〉、〈十二月剪紙歌〉、〈花是有心草〉、〈剪《西游記》〉……等歌謠，都是以剪紙爲主要內容。這些歌謠對於如何調配圖樣，以及剪紙技藝所能完成的各種創作內容都有描述。

　　蘇北刺繡及剪紙工藝的發達，除了可從相關主題的歌謠數量評估以外；也可以從與周邊商品相關的歌謠中反映出來。邳縣有多首〈賣針謠〉，除了反映出賣針業在蘇北的普遍性以外，同時也介紹了相關的常識：例如賣針線的小店，在蘇北稱爲「單庄」；而「單庄」裡所賣的繡針基本上分爲五個尺寸，從一號針到五號針，由粗而細。大小不同、功能各異。鐵針購買之後，店家會用有「廣西紙、無錫皮」〔註 139〕之稱的皮紙包裹，以免針品生銹或損傷；此外還有售後服務，如果回家後發現「歪尖掉鼻」〔註 140〕都能拿回退換。這些購針的細節，在歌謠裡都有詳盡的描述，足以反映出蘇北地方刺繡工藝的發達與分工精細。

〔註 139〕見《邳縣歌謠集成》〈賣針謠〉，頁 160。
〔註 140〕同上，頁 161。

三、蘇北歌謠所反映的社會貧富不均

除了就行業類別觀察蘇北歌謠中所反映的社會狀況以外，以對比方式來觀察歌謠中所呈現的蘇北社會，則可發現舊時代蘇北社會中，存在著鴻溝般的貧富差距。本單元將分別整理歌謠中的貧者之悲與富者之惡，以對比的方式觀察造成社會不安的隱形殺手：貧富不均。

（一）貧無立錐之地

許多蘇北歌謠中，對於幾近赤貧的普羅大眾，有著細膩且精確的描述。例如形容灶民們所居住的〈丁頭屋〉：

> 丁頭屋，沒多大，一家幾代怎擠下？
> 地鋪連鍋灶，抬腳頭上叉〔註141〕

以及描述他們他們吃不飽、穿不暖、如奴隸般生活的〈灶民歌〉：

> 灶民全家好悲傷，一年四季喝稀湯。
> 若遇三天連陰雨，肚皮貼在背脊上。
>
> 灶民苦日實難度，開花帽子無襠褲。
> 補丁褂子肉外露，如同諸葛八卦圖。
>
> 灶民身在鹽灘上，年年掃鹽天天忙。
> 寒冬數九受凍餓，鍋裡沒有雞啄糧。……〔註142〕

同樣的生活條件，也發生在蘇北礦工身上，舉凡「穿的灰布露肚皮，不養小來不養老」；「身上無衣肚無飯，拿起糠窩打連班」；「吃得孬，穿得破，朝天每天捱大餓」、「丈夫下窯妻討飯，……兒女凍餓打顫顫，賣人市唱哭聲慘」……，都是礦工心聲的描述。〔註143〕至於長工們也是一樣，富人們所指派下的工作永無盡期，讓他們忍不住大喊：「陰了就甭晴，黑了就甭明。好歹給點病，甭叫送了命〔註144〕！」。

生活在社會底層的還不只這些行業：包括縴夫（人不餓死莫背縴，鹽河邊

〔註141〕見《連雲港市歌謠集成》〈丁頭屋〉，頁1043。
〔註142〕見《連雲港市歌謠集成》〈灶民歌〉，頁1049。
〔註143〕見《徐州市歌謠集成》〈礦區民歌民謠六首〉、〈上井謠三首〉、〈煤礦歌謠十五首〉，頁9～15。詳細內容請參見本文第肆章第一節〈勞動歌‧礦工歌〉。
〔註144〕見《銅山縣歌謠集成》〈大領歌〉，頁7。

上縴夫苦〔註145〕）；妓女（掙來銀錢你莫用，掙不來銀錢皮鞭沾水抽〔註146〕）；
貧農（一家七八口，渾身精光光。眼淚滴胸膛，仍然餓斷腸〔註147〕）、船民（有
閨不嫁西墅庄，漁家天天喝秫湯，女的喝得爬不動，男的喝得黃央央）〔註148〕
等。這些都是蘇北歌謠中對生活實境逐頁可見的記錄。

　　在這種生活條件之下，貧困家庭中的每一份子都有義務爲改善家計而努
力，就連孩童也不例外。於是蘇北歌謠中出現許多以「小巴兒狗，上南山，
路子遠，短盤纏。割柳條，編簸籃，打黍米，做乾飯。」〔註149〕爲起始的同
宗兒歌，其末尾都是「老爺爺啃，老奶奶看」，表現出困窘家庭食糧不足的情
況〔註150〕。然而就算連兒童都投入勞動工作，也不見得就能換得一家溫飽。
究其原因，這樣的窮困並非由於庶民懶惰；傳統社會對勞工工作的剝削及封
閉的工作機會與資源，才是使得窮苦百姓無從翻身的主因〔註151〕，這一點可
以從歌謠中看得出來：

　　　　大爺抬轎放高升，大娘捻線賣花生；
　　　　小爺挑水拿板凳，小姑弄飯又拿針。
　　　　老媽燒火又抱孫，老爹喂豬又打更。
　　　　一家兩手不脫空，一年餓得直發昏〔註152〕

如果再遇到田裡歉收、旱澇交替的年頭，社會上就會開始出現「被迫逃荒在
外頭，賣掉兒子和丫頭，人死赤腳光著頭，席捲埋進土裡頭〔註153〕」的場面。
生而爲人、竟受此待遇，怎不叫人感傷！

　　以上的歌謠，反映出蘇北社會底層人民生活的眞實寫照。這些歌謠中，
社會中多數的窮苦大眾、長期處於饑餓與貧困的狀態中。蘇北礦工歌謠中有
這樣的句子：「馬餓極了毛顯長，人逼急了要反抗。鳥兒不願住鳥籠，窮人都
帶八路性。〔註154〕」鮮明地唱出了老百姓的無奈與憤慨。也因此當窮人的八

〔註145〕見《連雲港市歌謠集成》〈沿河縴夫愁〉，頁921。
〔註146〕見《連雲港市歌謠集成》〈妓女悲秋〉，頁1210。
〔註147〕見《連雲港市歌謠集成》〈窮人嘆〉，頁1038。
〔註148〕見《連雲港市歌謠集成》〈西墅庄〉，頁1052。
〔註149〕見《銅山縣歌謠集成》〈小巴狗〉。
〔註150〕見《銅山縣歌謠集成》〈小巴兒狗〉，頁224。
〔註151〕參見金師榮華先生撰《清末民初一個上海實業家的故事——徐寶富傳》，頁58。
〔註152〕見《中國歌謠集成·江蘇卷》，頁301。
〔註153〕見《連雲港市歌謠集成》〈舊社會灶民苦處沒盡頭〉，頁929～930。
〔註154〕見《徐州市歌謠集成》〈礦區民歌民謠〉，頁10。

路性起，正如同《水滸傳》中英雄好漢不得已被「逼上梁山」一般，是不得不然之舉：狗急尚且跳牆，何況是人！

　　由此看來，中國農民起義所以能夠成功，關鍵並不在於其策略的完備優秀；而是在於那些打著照顧貧苦百姓、以及窮人翻身的口號，深深打動長期處於飢乏狀態下的人民，於是引發驚人的共鳴而得以建立政權。從這個角度看來，當今兩岸的為政者們，豈能坐視社會上的貧富不均無限制地擴大？

（二）倚富欺貧

　　蘇北歌謠中的富人倚富欺貧的態度及嘴臉，大多隱藏在貧人自況的歌謠中。除了連雲港地區有少數歌謠中直接在題名中咒罵為富不仁者之外，多數窮人都選擇忍氣吞聲、中立平和地接受被凌辱的命運。對老弱貧者而言，所謂的「一窮二白」意同於連人格尊嚴亦不敢奢求、任人宰割；對正值壯年的貧者而言，其憤憤不平的態度，是推動社會階級翻轉的主要動力。究竟富商們是如何作賤貧者？且看〈挑水謠〉〔註155〕中的富太太嘴臉：

> ……
> 一擔白鹽千斤擔，垣商揮金如糞土。
> ……
> 吃水城南挑，後桶嫌灰土。
> 水重路遠腰壓斷，不知挑夫苦。
> 一擔山水萬步路，太太嫌髒往外戽！

這些老爺們不止縱容家人恣意糟蹋物資，自己也沒把灶民當人看：

> 肚裡饑，挑鹽重，身上無衣愁天寒。
> 公司老爺如狼虎，掌管幫廩剝血汗，
> 終日打罵窮光蛋。〔註156〕

在舊時代裡，窮人被打被罵、跪地求饒，彷彿是理所當然的事。因為窮，所以連人格都不存在；因為窮，所以可以任人欺壓。灶民如此，佃農亦然：

> 老農夫，實在苦，一天到晚耕田土，
> 收點糧、給莊主，見莊主，如見虎。
> 當面不敢坐，腳跟墊屁股。〔註157〕

〔註155〕見《連雲港市歌謠集成》，頁926。
〔註156〕見《連雲港市歌謠集成》〈公司老爺如狼虎〉，頁925。
〔註157〕見《連雲港市歌謠集成》〈老農夫實在苦〉，頁932。

什麼是「腳跟墊屁股」？當然是「跪」啊！能跪著還算好運氣，因為更不堪的處境大有人在：

> ……
>
> 先提頭，後分糧，又要利債狠如狼。
>
> 提利債，很可傷，春天，用秋天償，
>
> 加一八分憑他算，過期就動皮鞭揚。〔註158〕
>
> 沒有錢，便扣糧，不服送到監牢房。

原來舊社會中的佃農窮人，就像是富人自家圈舍裡的牛馬驢騾，如有不從，可打可罵；原來富人如若不屑管教，大可以送官代管；原來官商早已勾串成夥只為保護富商權益；原來欠債可以送入牢房。君主專制時代的統治模式，如風吹草偃般層層相傳，造成貧富之間無法跨越的，不僅是財富的鴻溝，更有人格尊嚴的丘壑橫陳在前，這種悲哀的處境在礦工身上也一樣：

> 二五壯漢忍常饑，把頭罵俺臭窯戶，
>
> 一不順心叫坐牢。〔註159〕

不過是出來謀口飯吃，竟會動輒得咎、最後落得斧鉞加身！在這種情境下，人權恐怕只是有錢人的專利吧！一動不動「監工打、頭子罵，礦工不如牛和馬」〔註160〕，竟成了司空見慣的尋常事，這又是什麼樣的人生！

別以為這種情形只會發生在骯髒苦熱的灶上礦中；就算是身處富家、位居得寵侍婢，犯了錯照樣挨打受罵，由人糟蹋：

> 清晨起，叫臘梅，給我打盆洗臉水。
>
> 揚州手巾浮水皮，小梅一失手，
>
> 打了我的點翠盆。
>
> 後花園內棗子樹，
>
> 東邊再上第二枝，砍下一個小八棍。
>
> 不打你頭不打臉，單打你的腚幫子。……〔註161〕

多麼愜意啊！一個人命自命為「自在人」的風雅男主人，就算處婢罰奴，也要指定用哪棵樹上的哪段枝子，來敲敲女奴的「腚幫子」，這是何等俏皮雅致的小樂子？如此建立在對女性的物化與歧視上的處罰與消遣，藉由歌謠的

〔註158〕見《連雲港市歌謠集成》〈窮人忙〉，頁931。

〔註159〕見《徐州市歌謠集成》〈礦區礦工民謠〉，頁10。

〔註160〕見《徐州市歌謠集成》〈礦區礦工民謠〉，頁9。

〔註161〕見《睢寧縣歌謠集成》〈自在人〉，頁159。

傳唱，不斷地傳播其合理性與正當性，不知不覺中形成社會上的集體意識，這種演變，更突顯出舊社會中身為貧窮女性的悲哀。

「朱門酒肉臭，路有凍死骨」。當杜甫大悲希號地「吾寧捨一哀，里巷亦嗚咽」、並自責「所愧為人父，無食致夭折」時〔註162〕；千年之後，中國大地上的蘇北社會，仍舊掙扎在貧富嚴重不均的泥淖中無可自拔：當富家大戶的子媳為了求得子嗣一擲千金地購置香燭供品、殷殷切切地到廟裡求子、生下子嗣後婆母高興得張羅僕傭「雞蛋買了一折子，份外還有幾抬筐。要散雞蛋先盡外縣散，剩多剩少散給黃川庄」〔註163〕以四處報喜時，其中所傳達的「生之喜悅」，與同一個時代裡灶民們「人死了一張蘆席、添孩子大人淚流」〔註164〕的無言哀鳴，形成何等強烈的對比！如此沉重的感慨，與杜甫的遭逢喪子之慟的無奈如同工異曲、在無垠大地中迴蕩，所誘發的又豈止是幾滴騷人清淚而已！

在杜甫的年代，出身貧蹇者可倚侍寒窗苦讀一舉成名，扭轉先天命運的羈絆與不平；千年之後，中國社會在瓜瓞綿綿的觀念下，無論在中國大陸或是臺灣地區，人們依舊要仗侍著考試制度從無垠人海中脫穎而出、翻身為人。至於那些無計可施、翻不了身的貧戶窮民，依舊在社會的角落瑟縮打顫；富而不仁的大腕富商，也依舊在華廈裡最耀眼的水晶燈下夸夸而談。在同一片天空下竟會形成如此懸殊的貧富差距，這一切究竟是人謀不臧的陳年舊疴，抑或是人類社會必然存在的本質問題？相信這是個值得仁人志士反覆思辨的課題。

第四節　歌謠與人生

大陸學者向德彩在其〈民間歌謠的社會史意涵〉一文中指出：「在現代教育和傳媒發展以前，民眾的識字率低，社會生活的大事件和重要人物、風土人情等就只能被精煉為短小精悍的謠諺，以供口口相傳，並構成民眾對社會歷史的認知。」〔註165〕此語明確指出了歌謠在舊時代中的傳播及教育功能。

〔註162〕唐・杜甫《自京赴奉先詠懷五百字》。
〔註163〕見《連雲港市歌謠集成》〈扣子〉，頁1190。
〔註164〕見《連雲港市歌謠集成》〈灶民十嘆〉，頁1050～1051。
〔註165〕見向德彩撰〈民間歌謠的社會史意涵〉，《浙江學報》（2009年04期）：頁74～78。

以蘇北歌謠爲例，其中對於民衆人生的影響力遠遠不止於此。在因認同而傳播的過程中，將特定觀點口口相傳，不知不覺中，這些觀點展延爲特定地區跨越時空的集體價值觀。

除此之外，歌謠中所陳述的情感，不但成爲抒發個人情緒的直接工具，也凝聚了社會情感、鞏固了家國意識。至於同宗歌謠在細微處的字面變化，則具體展現了「三里不同風、五里不同俗」的區域性特有風格。這些異同，是歌謠與人民之間經過長期磨礪後交互作用的結果，足以作爲認識一時一地民衆及社會的重要參考。本節將針對蘇北歌謠與人生的關係予以析論，就蘇北歌謠所形塑的價值觀、蘇北歌謠的情緒功能、以及蘇北歌謠所展現的地方特有風格三方面加以討論。

一、形塑社會及個人價值觀

嘉白在〈童謠底藝術的價值〉一文中，認爲民謠童謠與一般音樂的不同之處，在於民謠童謠「在簡單之中，有銳利之處，譬如寸鐵刺人，有一針見血的長處，所以一回聽了之後，人底心中彷彿能夠永久留著印象」，因而能夠使人口耳相傳。〔註166〕

此說除了道出了歌謠傳播的客觀因素，更涉及一項重要的主觀原因：對歌謠內容的認同。換言之，當個體聽聞了歌謠而認定其中具有「一針見血的長處」時，正代表聽衆接受了歌謠中所傳遞出來的觀點。換言之，一首歌謠的流傳得越普遍，也就代表其中所傳達的觀點越受人認同；於是歌謠中所反映出的社會集體價值觀也隨之形成。

仔細歸納蘇北歌謠之後，可以逐一整理出歌謠中所反映的社會集體價值觀。這些觀點以精神及物質兩種層面分別對其傳播範圍內的人產生影響，成爲蘇北地區民衆的人生指標，也可稱之爲此間民衆所認同的普世價值。

從精神層次來看，蘇北歌謠中所傳達的普世價值，又可就其訴求對象而分成個人、家庭與國家。

以個人而言，生活歌謠中的各類勸世歌中所表達的，包括孝道、勤、儉、正直、誠、友、悌、培養耐性、仁厚、寬大……等正向觀點，以及勿嫖、賭、煙、酒等負向誡惕，都算是最基本的德行要求。至於家庭生活方面，包含有夫妻和樂、敬長愛幼、男女有別、盡力生養等各項條目。在國家社會的普世價值

─────────────────────────

〔註166〕見嘉白撰〈童謠底藝術的價值〉，收錄於收於鍾敬文編《歌謠論集》，頁38。

上，則對於良吏劣官、明主昏君有著清楚的認定。〔註167〕

　　值得一提的是，蘇北歌謠在對政治事務的看法上，有一種超脫且冷然的嫌惡。這種外熱內冷的態度，帶有一種洞明的清澈與尖銳的批判性，除了隱晦地表現在各類歌謠中外，也技巧地隱藏在對個人價值觀的建立之中。

　　這類的價值觀在時政歌中自然最為鮮明；例如以軍閥混戰為借題發揮的歌詞裡唱著「老百姓，真會搗，哪軍來說哪軍好」；〈踢得好砸得對〉裡，對於「一年一個革委會」的看法是：「弄得幹部亂站隊，群眾跟著活受罪」；〈大呼隆生產〉裡「東一伙、西一伙，打派仗，不扒河，淹得百姓沒法活。」〔註168〕，以及〈扯皮歌〉裡大聲吆喝著大夥一同扯皮的歌詞背後，隱藏著對公僕們尸位素餐行徑的不恥……，類似的歌謠多得不勝枚舉，卻不是唯一用以表達百姓對政治事件及人物嫌惡的歌類。生活歌中的〈宣統只坐兩年半〉，借著天高皇帝遠的觀點，擺明了對於政權更迭不屑一顧：只因為政權更迭對百姓生計毫無意義，「家家戶戶」依舊「喝稀飯」。

　　蘇北歌謠中對政治現實的透視及冷然隱藏得最好的，莫過於歌謠裡勸人勿當兵的內容。在邳縣的〈十勸郎〉裡，歌謠表面上是因為兵戎倥傯的生涯辛苦，所以勸人勿當兵（持槍攜彈向裡走，夜晚睡覺渾身疼），實際上真正的原因是「槍打百姓人不容。」〔註169〕蘇北百姓藉由歌謠表現出對殺戮行為的厭惡，也表達出對於因政治立場不同所進行的殲滅行為無法苟同。

　　如果不看歌謠中的政治立場，則可發現還有其他歌謠也同時傳達出蘇北民眾對軍旅生涯及政治人物操弄政局的嫌惡。〔註170〕這種觀點固然與我國文化中「好男不當兵、好鐵不打釘」的認知有關；但若以〈古今大會戰〉一歌相對照，則可發現蘇北百姓對於那些史家所歌頌的、歷史人物建功立國的勳業打心底抱持著「不過爾爾」的態度。那些帶有價值認定的字眼如「征、討、誅、滅」，不過是成王敗寇之後粉飾太平的用語，作用在於將一切的殺伐之舉合理化、同時將勝利者神格化。

　　所以當歌者把歷史上赫赫有名的人物姓名、事蹟等變項排列重組之後，中國大地上的世事依舊是一團你爭我奪的鬧劇與混戰。這種情況令人不得不

〔註167〕相關內容請參考本文第伍章第二節〈生活歌・勸世歌〉。
〔註168〕見《邳縣歌謠集成》〈大呼隆生產〉，頁 13。
〔註169〕見《邳縣歌謠集成》〈十勸郎〉，頁 173。
〔註170〕如〈哭五更〉、〈罵五更〉等歌謠中對政治人物指名道姓的咒罵，就足以反映出
　　　　蘇北百姓對政治人物為逞一己之私、造成「一將功成萬骨枯」的怨恨與憤怒。

隱約體悟出來：平民百姓面臨這樣的政治活動時，眞的值得賠上身家性命去拼搏嗎？當這種觀點隨著歌謠傳遞，蘇北社會對於政治的冷然與透悟，於焉具體成形、並對個人產生潛移默化的影響。

至於在物質價值觀方面，蘇北社會明顯藉由歌謠傳達出對物質生活優劣的判定標準具體化。這種情況，在〈胡打算〉、〈自在人〉等歌謠中最爲明顯：歌中對於蘇北地區的大宴小酌、家常吃食、菜餚以及穿著打扮；生活中的居家陳設、布置以及玩物；娛樂的品項、內容……等，都有具體而微的說明，可以說是蘇北人民心目中對奢華生活的最高標準。其中對於「愜意生活」的描述，足以作爲蘇北地方日常生活的判定標準。

此外，〈十月懷胎歌〉或〈小佳人閙飯〉之類的歌謠，則是藉孕婦觀點，表現出對蘇北地方百姓而言，什麼樣的內容才稱得上是最合乎季節、最享受、也最能使多數人（包括孕婦）開胃的吃食。

值得一提的是，蘇北歌謠中的〈要嫁妝歌〉及〈十二月閨女要嫁妝〉等同宗歌謠，反映出社會要求豐盛嫁妝的價值觀；一旦嫁妝品項不盡理想，可能會引起夫家不滿〔註171〕。所以這些對嫁妝的要求，固然是一種近乎買賣婚的陋習所致，卻也反映出蘇北社會對婚嫁大事在物質條件上現實且固執的一面。

這種價值觀延續到八○年代之後，轉而成爲女子藉結婚索聘，以評估男方家境的情況。〔註172〕當社會上開始出現「結婚要彩禮，自己害自己〔註173〕」之類的俗諺時，歌謠裡也相對提出了「要想夫妻好，得買絲棉襖；要想夫妻長，得買的確涼」、「花洋布，不是路；絲光蘭，不用談」之類表現聘禮等級

〔註171〕如《銅山縣歌謠集成》〈石榴開花滿樹紅〉中，婆婆就對女子嫁妝只有一架繡花機大表不滿。《連雲港市歌謠集成》〈楊小姐出嫁〉中，女主角也因爲嫁妝不夠完備而不敢上花轎。可見豐盛的妝奩已然成爲婚後生活幸福與否的迷思之一。

〔註172〕這種情形當然不是八○年代之後才出現在社會上，只是此一時期之後最爲明顯。在此之前，女方大多對聘禮採取完全無異議的態度，以免如房四姐般因爲娘家過度索取聘禮而導致夫家不滿，衍生出後來的悲劇。這一點從蘇北歌謠中，早期與婚嫁相關的歌謠中只有〈房四姐〉一歌點出索聘過度終將爲禍的情況可以看得出來。換言之，大多數的父母都基於過度索聘將可能爲心愛嬌女帶來災禍而對彩禮的要求極端自制，甚至反過來厚備妝奩，以免女兒日後受苦。這也是父權社會下，女子地位及人格尊嚴大不如男子的另一項具體佐證。

〔註173〕蘇北俗諺。

的內容，反映出對彩禮優劣的評判標準。這種轉變一方面透露出男女平權思想對社會價值觀所產生的轉變；另一方面也透露出來中國大陸實施一胎化後，社會上基於傳宗接代思想，導致男女出生比例失衡的危機對心態上所帶來的改變。如以市場供需觀念而論，歌謠中反映的時代的婚姻市場已由原本男方主導的局面，轉而成為由女方掌控。也因此開始出現女方藉聘禮內容、及夫家政經地位等現實因素，對男方進行評估的社會風氣。這種矯枉過正的轉變，還可以從民間開始出現政策性宣導歌謠，勸告女性擇偶當以人品為要的情況中反映出來。(如〈歡歌彩禮一句定〉、〈彩禮千元我不要〉、〈我愛我郎勤快郎〉等都是)。

有趣的是，儘管蘇北民間在婚姻大事上對物質的要求斤斤計較，但是當論及新人的外貌等世俗標準時，卻都是含混帶過、千篇一律。換言之，蘇北社會對於兩性在外表上的優劣，只有制式化的形容與評價。無論是〈看新娘歌〉、〈觀新郎〉之類的婚儀喜歌，或是〈瞟才郎〉、〈出城南〉等各式情歌，對於男女外表的描寫總不免流於通俗而貧乏：其中對美麗新娘長相的描述，萬家如一的都是杏眼小嘴、明眸貝齒、十指纖纖如玉蔥、肌膚似雪；甚至對嫁衣的唱誦都遠比新娘的美麗更細膩貼切。這樣的通用描述也同時可用於情歌之中，只不過可能會多了「粗黑大辮子」一項而已。

至於蘇北對於玉樹臨風男子的描摹，則完全不提長相容貌，只一個勁兒地品評其衣帽鞋褲、煙袋佩玉……等等物質項目，彷彿只要搭配得宜、精美華麗，就稱得上是一等一的美男子。這樣的社會價值觀在歌謠中非常明顯，表現出蘇北民間對於男女外貌既寬容又敷衍的一面；或者也可以說，容貌的美醜是主觀的認定，過份計較既難引起共鳴、且又有流於低俗之忌，索性撇開不論。無論如何，歌謠中對男女外表的粗略浮泛，都傳達出蘇北社會對美醜認定大而化之的態度。

綜合上述，歌謠對於形塑社會及個人集體價值觀、並以此影響群眾成為人生方向的作用上，有著具體且快速的驚人成效。透過口耳相傳，歌謠中所認同的主觀價值，在社會上以滲透之姿蔓延開來，成為民眾相沿成習的依據及標準。這種隱然低調的影響力，正是歌謠具有動員能量的具體證明。

二、抒發個人情緒、凝聚社會情感

歌謠之所以動人，主要原因在於其中真實深刻的情感引人共鳴。民初歌

謠研究者魏建功認爲，「歌謠的作用和詩的作用是同樣的，——發洩內心情緒。」〔註174〕至於其運作的過程，周作人有著更精密的整理：他認爲歌謠的形成，

> ……是由一人之力，將一種感情，放在可感覺的形式（表現出來），這些東西本爲民眾普遍所知道或感到的，但少有人能將他造成定形……個人的這種著作或是粗糙、或是精鍊，……倘若這感情是大家所共感到的，因爲通用之後自能漸就精鍊，不然也總也多少磨去他的稜角（使他稍爲圓潤）了。〔註175〕

這段話中述及歌謠一項重要的情感特質：「這感情是大家所共感到的」。換言之，正如歌謠中的價值觀是經過社會共同的主觀認同而被傳唱般，歌謠中的情感也是經過社會共同的主觀感動而被傳唱：這當中表現出來的，乃是一時一地人民所共築的民風民情。無論是喜怒哀樂，在「人同此心、心同此理」的同理心運作下感受到接納與認同、進而「能造出強健的『群眾精神』」〔註176〕，影響社會風氣與人生走向。

這種情感的運作模式，在蘇北的時政歌及生活歌類中最爲常見。無論是女子哭訴著丈夫被日軍恣意殺害、導致家破人亡的情節；或是執政者四處拉夫造成女子無夫可依的痛苦；甚或是小童被繼母凌虐、童養媳遭受婆母拷打而哭告無門的驚惶……，這些內容描述深入人心、引發義憤及共識，以避免相同情況再現。於是社會開始共同抵禦日軍；成爲團結社會、保家衛國的重要推手。

類似的情況可以從時政歌中得到印證。這些歌謠的訴求點，大多在於敵對方對我方軍民殘暴無道的行逕以及如何造成家破人亡的痛苦，以期誘發民眾的同理心，願意起身反抗。這種例子以〈李大姐哭夫〉、〈月兒漸漸高〉等同宗歌謠最爲明顯，歌中的女子或因小腳跑不動、或因懷中幼兒無依，所以眼睜睜看著丈夫死在自己面前，於是藉歌謠勸告女性快將纏腳放開；或是請眾人上戰場殺敵幫自己報仇。

至於生活歌謠中，苦歌也是訴苦並匯聚群體情感的類別之一。無論是灶民、礦工、長工、妓女、佃農……，這些社會底層的勞動者藉由歌謠分享自

〔註174〕見魏建功撰〈歌謠表現法之最要緊者重奏覆沓〉，收錄於收於鍾敬文編《歌謠論集》，頁140。
〔註175〕見周作人撰〈歌謠〉，收錄於收於鍾敬文編《歌謠論集》，頁34。
〔註176〕見黃樸撰〈歌謠與政治〉，收錄於收於鍾敬文編《歌謠論集》，頁198。

己的心聲，經由口耳相傳、後出轉精之後，貼切模擬出其悲憤心境，引發同聲喟嘆。也因此在面對惡主欺壓時，往往會出現同仇敵愾的激憤心情，甚至以「江山亦有勝和敗、灰堆亦有發熱時」〔註177〕、「馬餓極了毛顯長，人逼急了要反抗。〔註178〕」來串連群眾並對惡勢力表態。此類歌謠一方面自我安慰、緩解情緒（有心不吃這碗飯，還戀你有兩個豇豆種）；另一方面則在群體中得到認同，在相互扶持中得到支撐的力量以度過難關（聽說運河那邊有共產黨，咱私自暗地拉一場，白天黑夜總思念，哪一天能來共產黨？）〔註179〕。歌中「咱私自暗地拉一場」，意為礦工們私下交換意見，共同期待共產黨的到來。此行為就是營造共同期待、團結扶持的表現。由此可見歌謠對群眾情緒的渲洩及凝聚，有著一體兩面的效益。

三、展現地方特有風情

　　常惠在〈我們為什麼要研究歌謠〉一文中，一針見血地指出：「各地方的歌謠代表各地方的特色。」〔註180〕以蘇北歌謠為例，相對於整個國族的領土面積，蘇北可能只是我國眾多區域之一；然而仔細檢視蘇北歌謠後可以發現，即使在蘇北這片有限的區域裡，各地民風都可透過歌謠表現出獨有的特色與差異。

　　這種差異的展現，在同宗民歌最容易看得出來：一首歌謠經過眾人口耳相傳，難免會隨著歌者本身性格及地方用語習慣而出現變動，也因此可以看出該地居民的感情表達方式及民風走向。以情歌中的〈姐兒房中悶沉沉〉為例，歌謠前段的內容都一致，描寫男女主角在得知女方將嫁之後將要面臨棒打鴛鴦兩分離的局面。不過各地對此最終的結局則有明顯差異：在民風較為嚴謹、思慮較多的地區（如銅山、睢寧），最後的結局都是棒打鴛鴦兩分散，就此別過昔日的男歡女愛，表現出「提得起、放得下」的瀟灑胸襟。如銅山縣的歌謠內容作：

　　　　（白）這可怎麼好呀？

　　　　（唱）辭過靈山還有廟，

　　　　　　　碼過泰山還有香燒。

〔註177〕見《連雲港市歌謠集成》〈太陽出西又出西〉，頁931～932。
〔註178〕見《徐州市歌謠集成》〈礦區民歌民謠〉，頁10。
〔註179〕見〈煤礦歌謠〉，頁10。
〔註180〕見常惠撰〈我們為什麼要研究歌謠〉，收錄於鍾敬文編《歌謠論集》，頁308。

咱兩人兩開交哪哎嗨喲。

（唱）你走你的陽關道，

俺走那個俺的獨木橋；

咱二人兩開交哪哎嗨喲。

睢寧縣的情人則與他地不同，是由男方主動放棄。女子眼見男子如此，索性變本加厲地罰咒唱到：

（男白：就這樣，算了吧）

十字路口燒上一爐香，

誰要想誰，日他小浪娘。

從此兩分張。〔註181〕

歌詞雖然俚俗粗鄙，卻也同時表現出斬斷情絲的決心與氣勢。相對觀之，民風大膽又具有野性的邳縣與新沂縣，情人間就不樂意這麼一拍兩散了，像是邳縣的情人是這麼唱著的：

「妹妹，咱不是不能相逢了嗎？」

要想相逢也能相逢，

你上俺婆家去當長工。

那時再相逢。

「妹妹，當中沒有介紹人怎麼去？」

對門倒有高老六，

給奴丈夫有交情，

一說保險成。

「妹妹，咱這不是不親了嗎？」

過上三年並五載，

床前生下個小玩童，

咱二人拜個乾親親〔註182〕。

情歌唱到了頭，讓人為邳縣待嫁女兒婚後的生活猛捏一把冷汗，原來這兩人

〔註181〕見《睢寧縣歌謠集成》〈扣花針〉，頁68。
〔註182〕見《邳縣歌謠集成》〈扣花針〉，頁92。

打算婚後想盡辦法再偷情。

　　新沂縣的情人比較乾脆，決定要抗婚私奔以共諧一生：

　　　　（白）妹子啊，到底怎麼辦好？

　　　　不有那個山伯和英台，

　　　　還有牛郎織女會天河呀。

　　　　董永七女能相見，哎嗨哎嗨喲依呀哎嗨喲，

　　　　誰能隔開你和我？

　　　　十字大街插上一支香，

　　　　求神天賜恩我們兩個呀。

　　　　從此漂泊天涯路。哎嗨哎嗨喲依呀哎嗨喲，

　　　　夫妻恩愛天長地久〔註183〕。

至於灌南縣的情人，則令人對他們的未來充滿好奇：

　　　　男白：

　　　　哎呀，小妹子，

　　　　你要出門我怎麼辦哪？

　　　　女唱：

　　　　哥哥騎馬頭裡走，

　　　　妹妹在後裝腳疼，

　　　　十字路上會情人，哎呀咿呀哎哎喲，

　　　　十字路上會情人〔註184〕。

最後在相會之後，究竟作何打算？歌裡沒有明確交待。就這麼結束了歌謠，
讓人掛記在心。

　　民風的差異在同宗兒歌裡也看得出來。兒歌裡的差異不同於情歌以不同
情節展現，反而是在字句上流露出不同地區的民情氛圍。以〈娘家行〉等同
宗歌謠為例，歌中描述女子回娘家不受兄嫂歡迎，索性自白：等父母百年之
後，再也不會上門作客。同樣的話意，在各地民間表達的手法卻不盡相同。
例如銅山縣的〈小馬杌，十二層〉是這麼唱：「有咱娘，來兩趟；無咱娘，永
不來」；睢寧的〈小瓦屋，十二層〉則作：「有俺爹娘來一趟，無俺爹娘不占

〔註183〕見新沂縣〈姐在房中扣花針〉，頁78。
〔註184〕見《連雲港民間情歌》，〈十字路上會情人〉，頁120。

來」，其中的「不占來」意近於「不再來」；兩地童謠裡的話雖然說得明確，不過在語氣上都沒有新沂縣的〈娘家行〉唱得決然。新沂縣的歌謠是這麼唱著的：「有俺爹娘來兩趟，沒俺爹娘隨多會不扎你門旁」，歌中的「隨多會」在蘇北方言中有「任何情況下」、「無論如何」的含意；至於「扎」則有「乞賴」的意味。「隨多會不扎你門旁」的說法，是一種極強烈直接的表達方式，等於說出「無論如何也不會賴到你門上來」，女子在此與兄嫂呈現出近乎決裂的態勢。

連雲港則有兩處出現類似的歌謠，一為〈無爹無娘不踏來〉：「有爹有娘來一趟，無爹無娘不踏來」則相對較新沂歌謠溫和得多；另一種是在童謠〈小白菜〉裡，將父母改爲金錢，從娘家人的角度暗示女子的現實無情：「有錢來幾遍，無錢永不來」，諷刺女子婚後從娘家「搬有運無」的自私心態。

再以蘇北各地流傳甚廣的〈花喜鵲〉爲例，今人也可以從歌謠裡想見各地民眾的性地。例如睢寧縣：「……媳婦抱到牙床上，把娘丟在大路旁，養兒養女防身老，不料到頭哭一場。」〔註185〕；連雲港：「媳婦說話一台戲，老娘說話狗臭屁。把娘擱在麥糠裡，把媳子抱在炕頭上……」〔註186〕徐州市則作「老娘喝的稀米粥，媳婦喝的母雞湯。老娘穿件破棉襖，媳婦出的花衣裳。老娘睡張光光板，媳婦睡張雕花床。」〔註187〕

在長工訴苦歌方面，銅山縣、邳縣及連雲港三地的同宗歌謠，也同樣出現風格迥然不同的三種版本，例如銅山縣是整齊的七言歌，內斂且無奈：

> 八月十五吃頓腥，肉片切得比紙薄。
>
> 夾了半天沒夾著，蠅子銜著飛上坡。
>
> 撒開丫子去追趕，追了三天三夜多。
>
> 蠅子不知去哪裡，腳丫腫成發麵饃。〔註188〕

連雲港地區則較爲活潑，表現出長工既敏銳又認份的一面：

> 千挪萬挪，不給×××雇活。
>
> 煎餅多粗、糊粥稀薄；鹹菜儘吃，椒子不擱〔註189〕

〔註185〕見《睢寧縣歌謠集成》，頁72。
〔註186〕見《海州童謠》，頁59。
〔註187〕見《徐州市歌謠集成》，頁356。
〔註188〕見《銅山縣歌謠集成》〈長工苦〉，頁15。
〔註189〕蘇北方言，放的意思。

要吃豬肉，八月十五再説。

割了一兩三錢，切得比鈔紙還薄。

伸筷去刀〔註190〕，蒼蠅來奪。

有心去追，擔誤了幹活。

氣得夥計無奈何。

最傳神的該是邳縣的〈王五〉了，歌中將長工的苦悶與雇主的嘴臉表現得極為傳神：

累死累活，不給王五扛活兒

煎餅粗，糊子薄，鹹菜鹽豆見不著。

肚子吃不飽，怎麼能幹活？

好容易盼來個端午節，

割了二斤瘦豬肉，

切得比紙還要薄，

從南邊飛來一群馬蒼蠅，

一口銜起奔了運糧河……

長工在前撢，王五在後頭說：

「日你娘，光撢可不能擔誤了幹活兒！」

　　類似上述幾型同宗歌謠變化的例子，在蘇北歌謠中還有很多。除了如〈胡打算〉這種賦歌在各地的版本呈現一致之外〔註191〕，其他的同宗歌謠即便同時出現在兩相鄰的地區，其中的字句也不盡然完全一致。換言之，同宗歌謠在歌者性格、地方民情差異等不同條件交互作用之後，產生了變化多端、豐富有趣的差距，不但反映出各地風土民情的差異，也提供予今人品賞蘇北歌謠的不同況味，以及體驗蘇北方言中多變語氣及表達方式的機會。這些無心插柳的結果，反而反映出各地特有的風情。

〔註190〕蘇北方言，「夾菜」的意思。

〔註191〕依蘇北唱念賦歌的習俗看來，這種長歌或是有專業的表演人員演唱；或是有「小鼓書」之類的書面資料可供參考，所以如〈胡打算〉有六千多字，反而各地版本一致。詳見本文第七章第七節〈賦歌〉。

第五節　歌謠與民俗

　　歌謠對一個社會的傳承最大的功效，在於保存了珍貴的儀式及其中所蘊藏的文化意涵。後人可從中看見特定地區人民的思考模式、愛惡欲懼，並因此更加了解社會文化遞嬗的緣由及軌跡。民初研究歌謠的學者王肇鼎因此認為，歌謠可以代表「一民族的特性，一地方的風俗，一時代的政教……」因此總歸而言，「歌謠是一處民族思想的結晶。」〔註192〕

　　本文第貳章對蘇北地區的背景介紹中曾經指出，蘇北原是東夷人世居之地，東夷民族在精神生活層面原本就具有強烈的宗教性；再加上戰國時期就被納入楚國領地，受到楚國巫覡文化影響甚鉅；兩者交互作用之下一拍即合，更強化了蘇北地方百姓對神秘力量的崇奉心理。這種文化底蘊表現在日常生活中最容易見到的景象，就是蘇北民眾對儀式歌訣的重視。這些帶有宗教氣息的儀式歌訣，反映出地方百姓對於天地間無形力量的尊重。表面上來看，這些繁瑣的儀式似乎是陳腐可笑的舊時代遺跡；不過如果去分析這些儀式歌訣背後的心態與信仰，則不難建構出整個蘇北社會最根本的精神信託及依歸。

　　這些左右蘇北百姓意識型態最根本的因素，透過世世代代口耳相傳，不斷地誘導人類憑藉趨吉避凶的本能往理想的生活模式前進。其影響力之深遠，除非抽除一個世代以上人民對神秘力量的信仰及畏懼，否則這些民俗事象，很難自百姓的潛意識中完全移除。

　　最明顯的例子莫過於《海州民俗志》作者劉兆元先生的親身體驗。劉氏於其所編著的〈海州民俗志‧後記〉中指出，1976 年元月，他奉命參加（連雲港地區）漁區「學大寨」工作隊，

　　　　……在「大批判引路」中，我發現所涉足的漁村雖「破四舊、立四新」的口號鋪天蓋地，實際上家家戶戶吃飯時嚴禁把筷子橫在碗口上，放置任何容器都要口朝上，嚴禁底朝上；分明是把物體翻個過，一定要說成「調一戧」；把高處的物體拿到低處或把豎著的物體放倒，統稱「小下來」。海上捕魚時，無分老少，不准二人同時小便，說是「二人對著尿，必定遭風暴」。諸多對於傳統民俗事象的存留，使我進一步認識到風俗習慣對于人們思想影響的深刻性，從而產生了要把漁民風俗調查一番的想法。〔註193〕

〔註192〕見王肇鼎撰〈怎樣去研究和整理歌謠〉，收錄於鍾敬文編《歌謠論集》，頁 292。
〔註193〕見劉兆元著《海州民俗志》，頁 515～516。

由這段文字中可知，一個地區的民俗絕非一時之間就可成型；也無法在短期之內完全消弭。無論執政者再怎麼以強勢政治力及手段介入、干預，甚至是嚴厲禁止，都不能將禁忌與信仰完全自民眾的生活習慣中剔除。因為這些禁忌與信仰所衍生出來的民俗早已內化於民眾意識中；在對厄運的驅避心態、以及家庭生活潛移默化的功能影響之下，它們仍然會在社會中運作執行。只是其普遍性必然會隨著科技進步、傳媒發達、異質文化融合等因素降低；而這原本就是人類社會中不可逆的轉變。

　　本節將就蘇北歌謠中出現的民俗事象所反映出的社會意義加以討論，從而了解影響蘇北民眾精神生活層面的關鍵及意涵。以下將分為「歌謠中所保存的儀式類型及運作模式」、「歌謠中所反映的信仰與認知」，以及「歌謠中民俗事象所反映的社會價值觀」等三個方面來進行研究。

一、歌謠中所保存的儀式類型及運作模式

　　如將蘇北歌謠中的儀式歌就其使用頻率與目的加以劃分，則可發現為數眾多的儀式歌其實可分成兩大類，一是人生大事類；另一種則是日常生活類。

　　所謂的「人生大事類」，指的是一生中使用的次數有限、但社會上咸信會與個人、家庭乃至社會的禍福榮辱密切相關的儀式歌謠。以此為方向，舉凡生死大事、婚嫁還願、起屋造船等，都屬於這一類。

　　基於儀式有著不可逆的絕對性，所以在進行歌訣時，執行者必是在極度慎重乃至於戰戰兢兢的態度下完成；更進一步來說，包括儀式進行時的衣著配件、週邊商品、乃至於獻祭酬神的供品紙錢，都有一定的規格與數量，容不得有絲毫差池，否則招致激怒神明之責或被視為引來惡兆而禍害長遠。故而儀式歌常帶有相當的神聖性，更與民間信仰有著密不可分的關係。

　　另一類的儀式歌就相對顯得輕鬆自在許多：「日常生活類」的儀式歌訣，由於其使用的頻率較高，因此使得百姓在執行時的心理負擔相對較輕。如有差池，大不了以待下次改進便是，用不著大驚小怪；而下次常常相隔不遠，短者可能以七天為期（如治病掃瘤）；長者頂多相隔一年（如祭灶或迎財神）。如果年成不好，甚至草草帶過或完全不執行也無甚要緊。所以有的〈祭灶歌〉裡，婦女甚至會用帶有商量且打發了事的口吻對灶爺唱道：「灶老爺，灶老娘，今晚辭灶沒有糖。小孩他爹沒在家，磕個響頭免了吧！」〔註 194〕這樣

〔註194〕見《徐州市歌謠集成》〈窮人祭灶歌〉，頁 117。

的語氣一方面反映出窮人對生活的無奈；另一方面也隱約透露出儘管灶神對過去這一年改善家境的幫助有限，主婦卻還要依俗不得不祭灶送祂回天庭，難免會感到不以爲然並流露怨懟之情。

「日常生活類」的儀式歌以祈求「繁榮豐收」及「平安好運」兩大目的爲主。如除蟲、滅鼠、求雨、掃溝、祭錨、送灶、迎財神等，是屬於生活中祈求繁榮豐收時所常見的儀式歌訣項目；至於袪病、驅邪、求子，則可歸於祈願得到「平安好運」的類別。

「人生大事」與「日常生活」這兩大類的儀式歌訣，建構了蘇北百姓經年累月的精神生活，也繪製了蘇北百姓一生的生命藍圖；從而影響了物質生活的豐盛與方向；成爲展現蘇北特色的無形指標。

如果再把這些儀式歌訣的內容歸納分析，則可發現這些儀式歌訣具有一定的運作模式。這些模式包括咒語、象徵、替代、轉化，以及諧音口彩。

咒語（spells）是一種直接用來控制、驅使對象的隱密話語。〔註195〕它透過短小、莊重、命令式、有韻律及節奏等常見的形式來獲得可與自然匹敵的力量。在蘇北歌謠中，仍然有相當的咒語存在於文獻或鄉間，由有經驗者執行。最明顯的例子莫過於一系列的驅病歌，如對治「腿脛疙瘩」的方法，是趁著晚上生火作飯時，由年老婦女手持著用灶門火頭上加熱過的秤錘，放在疙瘩上輕揉，一邊揉一邊念以下訣術歌：「張家外甥李家子，腿脛疙瘩秤錘死，速！好了！」；又如治療無名腫毒時所使用的方法是用毛筆蘸陳墨，在腫毒上畫圈徒墨。邊畫邊念唱咒語：

> 乾坤正氣，運轉秋冬。
>
> 一時不到，爲何流行？
>
> 一畫不出膿，二畫不出血，
>
> 三畫自消自滅。
>
> 吾奉太上老君，急急如律令！敕令！

實施者口中默念七遍，邊唸邊畫，最後在患處外部寫上「敕令」二字，才算結束。實施者不可大聲張揚，亦不可傳播或讓人聽見〔註196〕。

〔註195〕見夏敏撰〈咒語、祈禱語、頌神詞與詩的誕生──以喜馬拉雅山地歌謠爲例〉，《民族文學研究》頁 68～73。

〔註196〕傳說此法念時不能讓旁人聽見；同時也不可對外人道，否則不靈驗。見本文第肆章第三節〈儀式歌・訣術歌〉。

　　象徵〔註197〕也是一種儀式歌訣常見的運作手法。以蘇北喪禮中為紙紮開光的〈開光歌〉為例，老執邊唱開光歌、邊以鋼針蘸雞冠血戳紙紮各部位（如五官與四肢），咸信此舉便是為紙紮注入氣命，可使紙紮得血成活，也能具有老執（等同於巫覡）所要求的能力（如會寫會算、會想會走）。這種驅策無形力量的手法，就是一種象徵性儀式，與咒語類似。

　　此外再以女童乞巧儀式為例，其實施的方法視每年七夕的晚上月亮升起時，女童只要能在月光下穿針引線，一邊穿一邊唱：「月亮大姐對我好，朝我笑，教我眼尖手又巧」，如果穿得過就象徵已經「得巧」；如果不成，來年再昨一次直到成功即可。這個儀式的意義，就是以小喻大，以有形喻無形，將成功的穿針動作象徵為已接收到織女巧紅能力。同樣的運作方式，也出現在蘇北歌謠中所傳遞的「扣子」習俗上。不孕婦女只要到子孫庵中，以紅線綁住其中一尊泥娃娃、並妥善收入懷中秘入家門，再把泥娃埋入預先在床邊牆上挖好的洞中，就等同是帶回了孩子，隨即就可有孕得子。上述種種，都是蘇北生活儀式中常見的象徵模式運作的例子。

　　轉化則是另一種執行的方式。此一運作模式雖然也與科儀密不可分，不過卻比前述兩種模式多了一層心理機轉。以蘇北的〈棺下田歌〉為例，棺下金井之前，由老執跳入井中，從壙的前後左右等方位各掃些許壙土在斗中，邊掃邊唱：「左掃掃得一盆金，右掃掃得一盆銀，前掃掃來榮華富貴，後掃掃來兒孫滿門。中間掃只聚寶盆……」，這種將掃入斗中的土視為是金銀財寶、富貴榮華的想法，就是一種利用「轉化」來避凶趨吉的運作模式。在這種模式運作時，參與者必需有意識地調整自己的心態，要求自己接受並相信老執所唱的內容。同樣的道理，所有將避諱改稱的儀式也都是基於同一種概念運作的結果，如稱墓坑為「金井」；稱棺木為「玉材」（〈腰玉號子〉中的「腰」是動詞，指綁上、繫上；「玉」則是名詞，視棺為「玉棺」）。轉化功能的運作，

───────────────

〔註197〕據《學典》解釋，象徵是「用符號或較具體的事物，來代表或比喻較抽象的事物或所隱含的意義。如帝王的權杖，就是帝王的象徵。」見方中權等編纂〈學典・象徵〉條，頁 1182。又，《教育部國語辭典增訂版》對於「象徵」的解釋，則加重了象徵的社會意義：「對任何一種抽象的觀念、情感與看不見的事物等，都不直接予以指明，而根據理性的關聯、社會的約定，從而透過某種意象為媒介，間接加以陳述的表達方式。」見教育部國語推行委員會編纂《教育部國語辭典增訂版》，http://dict.revised.moe.edu.tw/cgi-bin/newDict/dict.sh?cond=%B6H%BCx&pieceLen=50&fld=1&cat=&ukey=-99090348&serial=1&recNo=0&op=f&imgFont=1，最後查閱時間（2011/06/24）。

最重要的功用在於轉死亡的厄運與不幸爲對未來幸福的保證。對於驟臨大悲的家屬而言，具有強烈的心理安撫作用。

替代也是象徵手法的一種，不過較象徵的意象更爲明確。以海州的「殺豬還願」儀式爲例，原本遭蒙厄運的孩子，經由巫婆居中協調而得到仙奶保祐成長，在結婚之前一定要燒豬還願。這個還願儀式的高潮就是由屠夫公開殺豬，不過殺豬之前，必需由還願人請來唱童子戲者（形同於整個儀式的巫覡）到豬的面前「唱安慰」，以感謝豬替還願人受死擋災。此外，海州地區兒童如幼年多病難養，還可以由巫婆進行儀式「捨給廟裡爲僧」，以求佛爺庇祐。這些兒童長大要娶妻前，同樣要還願謝恩，除了準備米糧等物象徵還清廟裡撫養孩子的費用之外，同樣也以黑驢一隻捨入廟裡，替代還願人承受「華蓋（厄）運」。這些以豬代人受死擋災、以驢代人承受厄運的運作模式，就是替代。

諧音口彩最常見於結婚喜歌之中。這種運作模式是藉由諧音物品象徵所要祈求的好運或子嗣。如撒帳時所用的棗子、桂圓，象徵「早生貴子」；戳窗時所擲入的「筷子」與「快子」諧音，因此具有「快快得子」的吉兆寓意。又如新娘進門至大廳拜堂前，雙腳不沾黃土地，因此由專人在所行路線上傳遞麻袋以助新娘行走，其間麻袋依序傳遞、往前展延的過程名爲「傳代」，也具有「傳宗接代」的象徵及口彩。這些諧音口彩都是蘇北歌謠中最常見的儀式運作模式。

二、歌謠中所反映的蘇北民間信仰及心態

儀式歌謠之所以能夠相傳風行，代表社會對儀式歌中所隱含的信仰及意義具有共同的認知，所以才能使之順利運作、也才能對使用者的心理及情緒達到安慰與鼓勵的作用。蘇北歌謠也不例外。透過蘇北儀式歌訣，反映出蘇北社會對神秘力量及抽象世界的認知內容；也反映出民眾對於神秘力量的價值認定。另一方面，儀式運作背後的心理機制，也可以隨歌謠中的內容反映出來。

以喪儀歌爲例，在歌謠中可以整理出一整套蘇北民間對於死後世界的認知觀點。蘇北民間以爲，人死之後要往地府報到之前，首先需得經過地方土地神的允准，才能夠開始啟程。所以亡者的家人在舊俗中，需在出殯日前的夜間，帶著祭品紙錢，以靈轎護送亡者到土地爺面前報到，再由陰差遞解上

路。之後來到地府，每七日輾轉遞押至不同大殿，接受各殿閻君的審問。這些內容展現出蘇北民間所認定的地府，是一個秩序井然、組織嚴密的行政組織與世界；然而另一方面，這個地面下的世界，也如同地面上的世界一樣，會有貪污、徇私⋯⋯等七情六欲於其中翻攪。

所以胡打算在被送還陽間時，會有被地府中惡鬼爭搶爲妻的驚險情節。這種安排一方面增加了賦歌的趣味性，一方面也反映出民間思想中的地府生活，與陽世間並無二致。又如送亡靈上路、唱著〈請亡靈歌〉謠的家人，會燒紙錢給押解的陰差，期待他們能善待亡靈。這樣的想法與舊時代對衙役皂隸的觀感如出一轍，也因此令人感到中國社會情理法之間的運作權衡與興味。

另一方面，今人在蘇北的歌謠中也可以看出民間對神秘力量的認知與看法，其間可以就神秘性、多樣性及實用性三個角度來討論。〔註198〕

「神秘性」指的是崇拜對象的模糊及曖昧性，在蘇北多數的儀式中，常言祈求「仙奶」保祐；然則所謂的「仙奶」究竟是狐仙或是其他神靈，實在無由考證，多數巫覡僅以「大仙」或「仙奶」稱之；又如女童們所執行的〈請茅姑娘〉遊戲，所請來的茅姑娘究竟是誰，亦無從證實起。甚至連多術訣術歌中的「速！好了！」中所驅使去疾者爲誰亦不甚了了⋯⋯。但是在這類的儀式中，民間信仰自有其流傳及信度可言，多數人即使莫之其所以然，依舊諱莫如深，不敢輕易在口頭上冒犯。

「多樣性」則是指蘇北民間信仰的信仰對象種類繁多，除了佛道同壇是常見的場面之外，也包括有原始宗教的信仰意涵（如對火、水、日、月、星斗的崇拜；對自然精怪神靈的崇奉，如石頭、古樹等）、民間傳說的延續（如英雄或傳奇人物，如關雲長、包拯等）。

至於「實用性」則具有相當的利益交換心態。與其說蘇北的訣術歌充滿了迷信的色彩；不如說蘇北的訣術歌中充滿了功利主義的實用性特質。爲了要面對及對治突如其來、來由不明的疾病與災害，或爲了趨吉避凶、祈求豐收而出現的訣術歌，其目的無非只是爲了得到現世的幸福與平安。在這個前題之下，一切的作爲只爲了求得生活的基本需求；至於形而上的哲學思考、宗教性或精神層面的的苦行、犧牲與奉獻，全都不在考量的範圍之中。

換言之，鬼神是可以「被賄賂」的；從〈請北極大帝出壇〉的祈雨歌訣中就可以發現，蘇北民風的驃悍絕非謠傳：對百姓而言，如果對神明「好話

〔註198〕詳見本文第肆章第三節〈儀式歌・訣術歌〉。

說盡」卻得不到祈求的結果，那麼即便對「神」也可以「壞事作絕」：一個驅策不了龍王、造福不了黎民的北極大帝，不配享有民間香火、更活該與不聽令的龍王（泥鰍）一起在烈日下被曝曬，讓祂嘗嘗驕陽當頭之苦，直到祂屈服（降雨）為止。此時人與神的地位是平等的，這種利益交換式的信仰基礎，正是蘇北百姓性格中與自然頑強抗爭的特質的展現。在實用性的原則之下，所有的神靈都必須如同地方父母官，盡心為人民服務；如其不然，「敬酒不吃」時，那麼「罰酒」隨後就到：對神靈也是可以「起義」、「反動」的。

三、蘇北歌謠中涉及民俗者所反映的社會價值觀

蘇北歌謠中涉及民俗事象者，今人可就其內容及所祈願的目的發現到整個蘇北社會在精神層次底部所潛在的價值觀，包括有多子多孫多福氣、男尊女卑、事死如事生，以及對男女評價的不同方向等。

以喜俗而言，蘇北喜俗中所反映的社會觀念，以傳宗接代為首要。這一點由多數婚儀歌都具有增子添孫為主題可以看得出來。在早期以媒妁之言為婚姻橋樑的年代，夫妻和合與否雖然重要，但顯然並不是首要的目標：那些由「快子」、「早子」等諧音字詞串成的儀式反映出一個極其務實的意圖：即使新婚夫妻尚未熟悉彼此，也不能妨礙早生貴子的目標。從某些地方所流傳的〈賣餃子〉一歌也可以發現，新婚妻子甚至連丈夫的模樣都不甚了了，就因丈夫受徵召入伍而分離。這正樣的情況如與儀式歌中的多數內容結合觀察，正足以反映出早期農村社會結婚是以傳宗接代為導向的心態。至於夫妻間能否相處融洽、是否能有舉案齊眉之樂，則只是次要的附帶益處；並不在必要的條件之內。畢竟如果一段婚姻太令人痛苦，男性及其家庭（夫家）擁有絕大的主控權可以決定這段婚姻要不要存續，又或者需不需要以娶妾的手段彌補男性單方面的幸福快樂。所以在歌謠之中，女性婚姻幸福與否，是一個被窄化、甚至被有意忽略的人生問題。

承上所述，類似的歌謠中所表現出來婚姻以傳宗接代為主要目標的心態，以及就男性單方面討論配偶合適與否的社會價值觀，同時也更進一步地表現出蘇北社會男尊女卑的傾向。兩性在幼年時期如遭逢性別歧視，名之為「重男輕女」；然而如在成年之後遭逢性別不平等的待遇，則應名之為「男尊女卑」。

就蘇北歌謠中所反映的社會價值觀而言，重男輕女的內容實在不多；但

是男尊女卑的情況則相當明顯。無論是童養媳之歌或是〈嫌媳歌〉、〈懶大嫂〉之類的歌謠，都顯示出對女性的要求甚於男性。男子無論已婚與否，都可以上妓院、甚至對妓女大唱情歌；相對於此，女性不但要恪守為人婦的種種職責；甚至在進門的那一刻起就被要處以「捺性」、「拘性」、「坐性」等種種條件要求管教，還得經過謙卑的「改口叫門」才能進得夫家。婚後更必須竭力克制自我欲望、以服侍全家人為目標努力達成，種種男尊女卑的內容，反映出蘇北社會對女性的苛責與鄙視、也反映出女性在舊社會中最大的存在價值即為生兒育女。就某種程度而言，這實在是一種對女性人格價值的抹煞與悲哀。

蘇北喪俗歌謠，則反映出社會上「事生如事死」的觀點。從〈扇子歌〉、〈獻供歌〉、〈開光歌〉、〈請亡靈歌〉等歌訣的內容來看，蘇北社會認為陰間社會的運作方式與陽間無異；生活方式與內容也一致，所以亡者在陽間所慣有的生活條件或模式，在陰間仍將繼續；只是換了一個存在介面而已。於是家屬在為亡者準備死後一應用品時所考慮到的，完全以在世時的需求與考量為主。

另外，〈潑喪歌〉、〈發喪燒紙祭野鬼歌〉等歌謠中，也反映出在蘇北民間的認知裡，人鬼雖殊途，卻同時存在於一個時空之中的概念，一如李昉在〈定婚店〉中所言：「今道途之行，人鬼各半，自不辨耳。」〔註199〕所以對於看不見卻有可能正在搶奪亡者用品的野鬼，蘇北民間也給予相當的施捨。此舉一方面表現出蘇北社會對於陰間世界的認知、另一方面也表現出蘇北民間的濃厚人情味。

至於其他歌謠中的民俗事象中所反映的社會價值觀中值得一提的，還有於孩童童稚時期的民俗活動中，所反映出蘇北社會對男女兩性的不同期待。從〈拜月謠〉〔註200〕及〈正月十五打椿樹歌〉〔註201〕中可以看出，蘇北地方對男女童的成長要求，以「男高女美」為目標，所以女孩兒以「求美牙」為目標，希望得到一口貝齒更添美感；男孩兒則以個子高大為目標，以期具有男子氣慨。

〔註199〕見《太平廣記》第一五九卷〈定數十四‧婚姻‧定婚店〉，http://www.million book.net/gd/l/lifang/tpgj/162.htm（最後查詢日期：20110627）
〔註200〕見劉兆元著《海州民俗志》，頁382。
〔註201〕見《徐州市歌謠集成》，頁118。

另一方面，〈洗三歌〉〔註202〕及〈乞巧歌〉〔註203〕則反映出舊時蘇北社會對於男女分工的期待：對男孩長成後的期待是經世治用、為官坐府，以光耀門楣；對女子的期待則是藉由向七姑姑及月亮乞巧，以期長成後手藝精巧、得心應手。

綜合本章各節所述，歌謠中所反映的社會意義，能夠較完整地呈現出特定地區內的民風人情、生活習慣以及思想制度。對於蘇北社會而言，一首首短小精悍的歌謠或許貌不驚人；然而當相關的類目集合匯整之後，所展現出的社會風貌已然與實際情況之間八九不離十。這種結果固然與歌謠來自民間，是最真實的生活記錄不無關係；然而歌謠較其他民間文學載體更值得關注的原因，在於歌謠的內容涵括生活中的每一個細節，從日常生活到情感投注；從節慶應對到人生大事。民眾生命中的每一個重要時刻都有歌相伴，這是歌謠之所以能夠全面性地代表一時一地人民心聲及反應社會實況的重要原因。

整體而言，蘇北歌謠中所反映的社會意義，除上述的代表性之外，還有以下幾點：

一、蘇北歌謠中，對於史政的記錄，呈現出真實樸質的野史觀點與輿論力量，足以補充正史之不足；並反映出地方民眾的觀點及心聲。

二、大多數的蘇北歌謠，都圍繞著婦女的生活產生；也多從婦女的角度敘說與生活相關的事件及內容。這些與婦女切身相關的內容，足可視為是蘇北婦女的生活史。其中除具體表現蘇北婦女婚前婚後家庭地位的變化；也側記了婦女的浪漫情事。

此外，歌謠中藉由蘇北社會對於已婚婦女的要求及評論標準，反映出社會中的父權心態。至於我國傳統大家庭中的婆媳問題、姑嫂之爭以及妯娌情節，長期以來似乎是無解的人際難題。然則由歌謠中可以發現，這些問題其實都源自於婆媳之爭。甚至可以說，蘇北社會的婆媳之爭，是從花轎到門的那一刻已然展開。

在這樣複雜的人際關係下，多數的蘇北婦女同時要兼顧大家庭中人際關係的經營、同時還要肩負起養兒育女的義務與責任。一個不孕的婦女在蘇北社會中所承受的身心壓力，遠較男性為重。然而這些卻不是婦女最難堪的部

〔註202〕見劉兆元著《海州民俗志》，頁9。
〔註203〕見劉兆元著《海州民俗志》，頁384。

分。一名女性在以上所必須面對的生活壓力之外，還得面對婚姻中的種種風險，如品行不良的丈夫、及年老時遭不孝子惡待等情況。這些問題一方面反映出傳統社會中大家庭的相處模式對女性不公平的對待；另一方面也再度反映出惡劣的婆媳關係對人格養成的影響；更反映出傳統社會中女性對自我生涯規劃概念的闕如所造成的遺憾。

三、蘇北歌謠在經濟方面，除了反映出蘇北地方賴以維生的經濟作物及產業之外，對於蘇北大地上常見的農業景觀、農工特產、以及行銷方式或路線，都有一定程度的涵括。至於商業類歌謠中，則表現出蘇北商業經營的模式、婦女經濟的運作與消費型態；以及蘇北重要的工藝產業——刺繡所帶來的相關商業特色與效益。

更重要的是，蘇北歌謠發揮了美刺時俗的功能，對於早期蘇北社會中嚴重的貧富不均有所記載。這些內容成為社會波動的無形佐證，如將相同主題下的貧富歌謠對照相比，更顯出貧富不均對社會公義所造成的危害。這是執政者努力於安定社會時，不應忽略的重要環節。

四、蘇北社會藉由歌謠形塑並統整民眾的價值觀，並成為百姓用以渲洩情緒、凝聚社會情感的重要方式。另一方面，歌謠中對於生活中物質以及精神層次的問題，都有所涉獵不但反映出社會風氣的變化，同時傳達出蘇北民眾對兩性外表的審美標準。凡此種種，都使得歌謠成為蘇北百姓的生活事典。有趣的是，同宗歌謠在用詞選字間的微妙歧異，更進一步反映並展現出不同地區社會中的民風特色，也再次證明了歌謠是最具足以代表地方風格的文化載體。

五、蘇北歌謠中繁複多樣的民俗事象，除了表現出蘇北社會民間信仰的特色之外，也從而反映出蘇北百姓以人為本的基本態度。另一方面，歌謠中所反映的民俗事象，反映出蘇北百姓生活中與儀式及信仰間密不可分的關係，以及不同類型的儀式對百姓心理的影響程度。此外，與民俗事象相關的歌謠中，亦反映出蘇北民間對兩性價值觀的差異，成為了解蘇北社會民情等各方面近百年來變化及發展的重要基石。

第壹拾章　結論——蘇北歌謠的
　　　　價值與意義

　　王肇鼎先生曾就歌謠的研究方向提出以下看法：「地勢是歌謠的根點或立點，人文是歌謠的幹點或中點；社會現象是歌謠的引點或生點，所有都有注意的必要。」〔註1〕

　　本文基於上述三個方向進行蘇北歌謠研究，果然得到豐碩的心得、更對蘇北社會百年來的變化具有一定程度的了解。整體而言，蘇北歌謠是蘇北社會近百年來變化的縮影，其中具有增進友誼、謀求繁榮、倡導和平、體現幸福、祈求好運、傳遞情愛、賦予力量、促進融洽、享受音樂……等正向的功能與效益。如果要將上述種種功效具體結合本文各章所陳述的內容，則蘇北歌謠的價值與意義可歸結為以下幾點：

一、蘇北歌謠是民間思想的豐富結晶

　　蘇北歌謠的內容包羅萬象，是諸如謀生知能、思想制度、教育哲理……等各種經驗與智慧長期磨合所得到的結果。周作人曾說，歌謠與俗諺一樣，都是由「一人的機鋒、眾人的智慧」〔註2〕聚鍊而成，其中不止涉及字彙的精鍊、同時也包含了內容的調整，才能使來自四面八方的歌謠切合於歌者本身所處環境狀況、以獲得眾人認同並傳唱。最明顯的例子莫過於徐州的〈冬九

〔註1〕見王肇鼎撰〈怎樣去研究和整理歌謠〉，收錄於鍾敬文編《歌謠論集》，頁298；見《民國叢書》第四編第六十卷，（上海：上海書局，1989年）。
〔註2〕見周作人撰〈歌謠〉，收錄於鍾敬文編《歌謠論集》，頁34。

九歌〉〔註3〕，此歌中所描述的地景變化，因徐州當地氣溫回暖速度較週邊地區快，所以在「六九」之後的內容與其他各地的「冬數九歌」出現明顯不同。這就是生活經驗與歌謠相互磨合的例證之一。

這樣的例子展現出歌謠因地制宜的變異性特質；更表現出歌謠會隨外在環境調整的靈活生命力。就結果來說，歌謠是百姓思想經驗的結晶；就本質來說，歌謠本身也是引動百姓們投入集體創作的動力。這種「活著」的特質，是造就歌謠源源不絕、採錄不盡的重要動力，也是蘇北社會人文經驗及智慧傳承相襲的重要憑藉。

二、蘇北歌謠是百姓生活的詳實記錄

王肇鼎先生在其所撰寫的〈怎樣去研究和整理歌謠〉一文中又指出，「所謂歌謠的背景，就是這一地方的位置形勢，地靈則人傑，臨海的居民大多勇而活潑；近山的居民大都靜而鎮定，地勢於人民的影響，如是其大且密。」〔註4〕此言可謂歌謠與地理關係的根本闡釋。更進一步來看，一地的地理條件，直接關係著地方上的地景氣候、經濟活動、物藏礦產；甚至連作息起居、衣著住居、飲食習慣……等生活中的各項細節，都受到地理條件的直接影響。反過來說，正由於每一個區域具有獨到的地理環境，所以會出現與其他地區不同的生活方式；並進而蘊釀形成具有地方特色的歌謠：在抒發情緒、傳承智慧之餘，詳實地記錄下各個地方的生活樣貌。

蘇北歌謠也是如此。蘇北地方東濱黃海、西接平原；中有大運河貫穿、黃河亦曾由此出海。區域內蘊藏豐富的煤及水晶等礦產；濱海地區綿長的海岸線則形成全國產量第一鹽場。氣候方面，蘇北處於溫帶季風氣候的範圍內，形成四季分明、夏雨冬雪的氣候常態。這些自然因素造就了蘇北在風物、飲食、作息、經濟活動、穿著……等方面與其他地區不同的生活風貌，也因此傳唱出與灶民、船工、礦工等特有行業所衍生的歌謠內容。由此看來，蘇北歌謠的確具有詳實記錄地方民眾生活點滴的重要功能。

三、蘇北歌謠是地方民性的具體展現

歌謠除了在具象的物質層面，詳實地記錄了特定區域內民眾的生活點滴

〔註3〕參見本文第陸章第一節〈雜歌·水土風候歌〉。
〔註4〕見王肇鼎撰〈怎樣去研究和整理歌謠〉，收錄於鍾敬文編《歌謠論集》，頁296。

之外；同時也在抽象的精神層面保留的地方上獨有的風俗民性。換言之，自然條件的歧異決定了歌謠所記錄生活的獨特性；人文條件的不同則影響了特定區域內民性民風的特有韻致。

以蘇北地方而言，此地是傳說中上古時期東夷民族的活動範圍；其後因地緣關係深受齊魯文化影響；戰國末期之後被併入楚國領地……，各種文化雜糅的結果，形成蘇北地方既崇巫信鬼、又敬天法祖的多元信仰內涵。這種文化特質的具體形貌，展現在蘇北民眾對於各種儀式的慎重與傳承之中；尤其是具有一定數量的訣術歌，更反映出蘇北百姓想藉由神秘力量達到控制自然、改善人生的性格與企圖。

至於地理位置上蘇北地區因具有絕佳戰略優勢，長期引來各方政權的覬覦；兼以不同自然災害的輪番為禍，在自然與人文條件的交互作用之下，孕育出蘇北百姓驃悍堅韌、灑脫率真的性格；更隨著時代的演進與政權的更迭，衍生出各式各樣的社會事件。這些人文特質與現象，在歌謠中藉由以此間音調鏗然、字音俐落的方言表露於外，展現出蘇北俏皮活潑、獷味十足的民風。這些都是今人可從蘇北歌謠中體察感受到的珍貴特質。

四、蘇北歌謠是庶民生活的情感匯流

歌德（Johann Wolfgang von Goethe，1749～1823）曾經指出，「歌謠的特色就是其感性是直接自然而來的，不是硬弄出來，是自然流露出來的。……完全滿足了『多材料、少技巧』的要求。」〔註5〕從中可知，所謂的「材料」，指的是真實自然的情感。這正是民間歌謠紓發情感功能的展現。

從蘇北歌謠中可以發現，各式各樣的歌謠反映出民眾生活中的喜怒哀懼，其筆調隨著所面對的不同情境而轉變：或是在兩情相悅之中，表現出浪漫多情的氛圍；或是在國破家亡的處境下，展現出熱血激昂的氣慨。或是因惡吏欺壓而咬牙切齒；或是因為奸富玩法而忍氣吞聲……。這些豐富濃郁的情感，都藉由簡潔有力的歌謠，一一呈現在世人前。至於佃農、童養媳、繼子女、苦力、灶民……等社會底層的受苦百姓，更是藉由歌謠傳聲遞息、相濡以沫；鰥寡老幼也從歌謠中，得到表達心聲的機會與安慰。要說歌謠是由蘇北民眾最真摯的情感匯流而成，其實一點也不為過。

〔註5〕見家斌譯述〈歌謠的特質〉，收錄於鍾敬文編《歌謠論集》，頁4。

五、蘇北歌謠與各地民間文學相互影響

蘇北位居南北交通、水陸運輸等各項條件的輻輳之地，來自四面八方的過客與其本身的文化內含在此交會後又四散而去。在這種處境之下，蘇北地方在原有的文化基礎上，不斷如海綿般吸引來自全國各地的文化刺激，使得歌謠也隨之呈現出鮮活靈動的各種風貌。

蘇北歌謠中，有東南各省婉約秀氣的細語低喃；也有西南山地裡清純自然的天真爛漫。有黃河流域的豁然大器，也有長江流域的起伏跌宕。在蘇北聽得到華北地方流布甚廣的「有了媳婦忘了娘」；也聽得到西南山間傳來的「我望槐花幾時開」。無論是孟姜女、白蛇傳、牛郎織女、袁小拖笆……這些民間文學裡耳熟能詳的內容與情節，在蘇北歌謠中都找得到蹤跡。蘇北既是我國南北文化的交會地、更是民間文學的大熔爐。各地的歌謠、故事、俗諺、傳說，經過長期在此的聚積累集、融合再變化，使蘇北歌謠在原有的品類及內容之外、更增添了多元的趣味與內涵。爲古往今來的民間文學、展現出無窮的活力與生機。

早期的歌謠研究者常惠在〈我們爲什麼要研究歌謠〉中提到：「文化越進步，歌謠越退化。」他也認爲，「只要一寫在紙上就得把原意失了多少」，某種程度上來說，蒐集歌謠正像是給歌謠「送終」〔註6〕；此語寫於民國十一年十二月三十一日發行的第三號〈歌謠週刊〉上〔註7〕。就該篇研究看來，除非找出研究歌謠的方法，否則歌謠似乎就將隨著採錄及時代進步而消失。不過真實的情況是，歌謠不但沒有消失於我國社會中；反而還興興頭頭地活到了二十一世紀、並與民間故事、民間諺語並列爲民間文學的三大區塊，研究者至今不絕於途。

就蘇北歌謠現況來看，除了儀式歌基於民間信仰的亡佚、以及因爲社會進步促使儀式化繁爲簡而逐漸散失以外；因爲特殊身份（如貨郎、灶民、佃農、童養媳……等）而形成的歌謠也隨著當事人的離世而逐漸被世人遺忘。

如果上述的歌謠代表的是時代演進下不得不然的結果，那麼相對於這些特殊狀況的歌謠，如情歌、兒歌；以及富有教育意義的生活歌、具有美刺政

〔註6〕見常惠撰〈我們爲什麼要研究歌謠〉，收錄於鍾敬文編《歌謠論集》，頁313。
〔註7〕見婁子匡編纂〈歌謠週刊〉（景印本），（台北：東方文化，民59年），第三號：第二版。

治功能的時政歌，則基於其雋永精悍的用語、眞切動人的情思，依舊在社會上悠悠傳唱。這是一個令人感動的結果。

是爲蘇北歌謠研究。

參考資料

一、書籍類

【文獻資料】

（一）歌謠集成

1. 銅山縣民間文學三套集成辦公室編彙，《銅山縣民間文學集成——民間歌謠》，（徐州市：銅山，1988 年 6 月）

2. 中國民間文學集成全國編輯委員會，中國歌謠集成江蘇卷編輯委員會編，《中國歌謠集成－5，江蘇卷》，（北京：中國社會科學出版社，1998年第一版）

3. 中國民間文學集成全國編輯委員會，中國歌謠集成上海卷編輯委員會編，《中國歌謠集成－15，上海卷》，（北京：中國社會科學出版社，1998年第一版）

4. 新沂縣民間文學三套集成編委會編輯，《新沂民間文學集成——第二卷》，（徐州市：新沂，1998 年 6 月）

5. 朱守和、崔明月主編《連雲港民間情歌》，（哈爾濱市：北方文藝，1991年 1 月）

6. 邳縣民間文學集成委員會、王樹強主編《中國民間文學集成·邳縣資料本·民間歌謠諺語卷》，（江蘇：徐州，1988 年 12 月）

7. 徐州市民間文學集成編輯委員會編輯，吳敢主編《徐州民間文學集成（下），歌謠卷》，（江蘇：江蘇文藝出版社，1991 年 12 月第一版）

8. 「中共睢寧縣委宣傳部」、「睢寧縣文聯」、「睢寧縣文化局」共同編輯、劉榮第主編，《睢寧縣民間文學集成——第二卷》，（江蘇：徐州，1989年 3 月）

9. 《海州童謠》,（北京：中國文聯出版社,2004 年 1 月）

10. 劉兆元等主編《連雲港市民間文學集成——詩歌卷》,（江蘇・南京：江蘇文藝出版社,1992 年 7 月）

11. 中國民間文學集成全國編輯委員會,中國歌謠集成四川卷編輯委員會編,《中國歌謠集成－14,四川卷》,（北京：中國社會科學出版社,1998 年第一版）

（二）史地文獻

1. 趙明奇主編《全本徐州府志》,（北京：中華書局,2001 年 12 月）

2. 〔清〕孫星衍撰《尚書今古文注疏》,（臺北：文津出版社,1987 年）

3. 楊家駱主編；許平和續編《新校本史記三家注並附編二種》,（臺北：鼎文書局,1997 年）

4. 王恢編《括地志新輯》,（臺北：世界書局,1974 年 7 月）

5. 〔清〕杜文瀾輯《古謠諺》,（臺北：世界書局,2009 年 8 月四版二刷）

6. 〔漢〕許愼撰／〔清〕段玉裁注《說文解字注》,（臺北：黎明文化,1993 年 7 月 10 版）

7. 〔漢〕桓寬著；盧烈紅注譯；黃志民校閱《新譯鹽鐵論》,（臺北：三民書局,2006 年 8 月）

8. 鬱賢皓等注釋,《新譯左傳讀本》,《左傳・昭公二年》。（臺北：三民書局,2002 年 9 月）

9. 〔明〕顧祖禹《讀史方輿紀要・南直卷十一》,（北京：中華書局,2005 年）

10. 胡補安編《中華全國風俗志》,（河北：河北人民出版社,1986 年）

11. 中國社會科學院,澳大利亞人文科學院合編：《中國語言地圖集》,（香港：朗文,民 77 年）

12. 中國民間文學集成總編委員會辦公室編印《中國民間文學集成工作手冊》（中國：北京,1987 年編印）

13. 江蘇省地方誌編纂委員會編《江蘇省志・鹽業志》,（江蘇：江蘇科學技術出版社,1997 年）

14. 董堯、傅繼俊等編著《徐州歷史文化叢書——徐州征戰》,（北京：中華書局,2004 年 11 月）

15. 夏凱晨、劉玉芝等編《徐州歷史文化叢書・徐州景觀》,（北京：中華書局,2005 年）

16. 〔清〕崇彝著《道咸以來朝野雜記》,（北京：北京古籍,1982 年 1 月）

17. 崔月明・朱守和主編《連雲港風物傳說》,（瀋陽：瀋陽出版社,2001 年 7 月）

18. 銅山縣文化與體育局編《江蘇省非物質文化普查・銅山縣資料彙編》,（徐州：銅山縣文化與體育局內部資料,2009 年 6 月）,共三冊。

19. 李申著《徐州方言志》,（北京：語文,1985 年）

【近人專著】

1. 丁愛華編《徐州史話,（北京：中華書局,2004 年 11 月）。

2. 姚克明、沈瑞等編：《徐州民間諺語集成》,（江蘇・江蘇文藝出版社,1991 年 12 月）。

3. 劉君任著《中國地名大辭典》（臺北縣：文海,1967 年一版）。

4. 劉兆元編著《海州民俗志》（江蘇：江蘇文藝,1991 年 10 月）。

5. 許厚文、崔月明主編《連雲港藝文志》,（瀋陽：瀋陽出版社,2001 年 6 月）。

6. 王志民、張富祥著《齊魯文化通史》（北京：中華書局,2004 年 12 月）。

7. 劉宗賢主編《魯文化研究》,（濟南：齊魯書社,2007 年 1 月）。

8. 郭墨蘭、呂世忠等著《齊文化研究》,（濟南：齊魯書社,2006 年 11 月）。

9. 牟鐘鑑等著《全真七子與齊魯文化》,（濟南：齊魯書社,2005 年 7 月）。

10. 逢振鎬著《東夷文化研究》,（濟南：齊魯書社,2007 年 1 月）。

11. 魯迅著《中國小說史略》,（臺北：五南,2009 年 3 月）。

12. 劉錫誠著《20 世紀中國民間文學學術史》,（開封：河南大學出版社,2006 年 12 月）。

13. 周耘著《中國傳統民歌藝術》,（湖北：武漢出版社,2003 年 11 月）。

14. 楊繼繩著《墓碑——中國六十年代大饑荒紀實》,（香港：天地圖書,2008 年 6 月七版）。

15. 孟慶華主編《徐州文史資料彙粹》,（江蘇：江蘇文史資料編輯部,2000 年 12 月）。

16. 邵世靜、胡存英等著《徐州民俗》,（徐州：中國礦業大學,1993 年 10 月）。

17. 劉錫誠選編《灶王爺傳說》,《中國民俗文化叢書》,（北京：中國社會出版社,2006 年 9 月）。

18. 白庚勝主編《中國民間故事全書,江蘇徐州市分卷》系列共七冊,（北京：知識產權出版社,2007 年 5 月）。

19. 顧希佳著《祭壇古歌與中國文化》,（北京：人民,2000 年 1 月）。

20. 王忠林等著《中國文學史初稿》,（臺北：福記,民 84 年元月四版）。

21. 姚克明、沈瑞等編,《徐州民間諺語集成》,（江蘇：江蘇文藝出版社,1991 年 12 月）。

22. 朱自清著《中國歌謠》，（臺北：世界書局，1970 年 1 月）。

23. 曾永義《俗文學概論》，（臺北：三民書局，2003 年）。

24. 方中權等人編纂《學典》，（臺北：三民書局，2006.6 六版）。

25. 鍾敬文編《歌謠論集》，見《民國叢書》第四編第六十卷，（上海：上海書局，1989 年）。

26. 金師榮華著《民間故事類型索引》，共三冊，（臺北：中國口傳文學學會，民 96 年 2 月）。

27. 〔美〕丁乃通編著《中國民間故事類型索引》，鄭建威等譯，（湖北：華中師範，2008 年 7 月）。

28. 金師榮華著《六朝志怪小說情節單元分類索引——乙編》，（臺北：中國口傳文學學會，民 97 年 3 月）。

29. 劉經菴編《歌謠與婦女》，頁 1，見《民國叢書》第四編第六十卷，（上海：上海書局，1989 年）。

30. 浦忠成著《敘事性口傳文學的表述》，（臺北：里仁，民 90 年 9 月 15 二版）。

31. 〔德〕Nietzsche, Friedrich Wilhelm 著《悲劇的誕生》，（北京：三聯，1987 年 2 版）。

32. 金師榮華著《清末民初一個上海實業家的故事——徐寶富傳》，（臺北：中國口傳文學學會，民 96 年）。

33. 蕭麗紅著《桂花巷》，〈臺北：聯經，1977 年初版）。

34. 婁子匡編纂〈歌謠週刊〉（景印本），共三冊，（臺北：東方文化，民 59 年）。

35. 馮翠珍著《「三言二拍一型」之戒淫故事研究》，（臺北：花木蘭出版社，2011 年 9 月）。

二、期刊論文

1. 殷光中：〈江蘇南北民俗文化比較研究〉，《民俗研究》第 29 期，（濟南：山東大學，1994 年第 1 期）。

2. 馬俊亞：〈淮北鹽業中的集團博弈與利益分配 1700～1932〉，《清華大學學報》，（北京：清華大學，2007 年 2 月，第一期）。

3. 朱家寶：〈淮北鹽務概略〉，《鹽務匯刊》，（南京：財政部鹽務署鹽務稽核總第 19 冊，1933 年 5 月 31 日）。

4. 趙贊：〈近代蘇北沿海灶民群體研究〉，《鹽業史研究》，（四川・自貢：自貢市鹽業歷史博物館，2008 年第 3 期）。

5. 姜新：〈徐州近代煤礦發展述略（1882～1949）〉，《中國礦業大學學報——

社會科學版》，（徐州：中國礦業大學，2010 年 2 月，第二期）。

6. 張宇、張凱、查嵐等：〈從時政歌談人民的預見性〉。《洛陽大學學報》，（洛陽：洛陽大學，1999 年 3 月，第 14 卷第 1 期），頁 64～66。

7. 曹樹基：〈1958－1962 年四川人口死亡研究〉，《中國人口科學》，（北京：中國社會科學院人口與勞動經濟研究所，2004 年第 1 期）。

8. 彭玉蘭：〈論贛南地區紅色歌謠的藝術特徵〉，（牡丹江市：牡丹江大學，2010 年 3 月，第 19 卷第 3 期），頁 43～44，47。

9. 賈芝：〈關於孟姜女故事研究〉，《民間文學論壇》，（1984 年第二期）。

10. 袁鐵堅：〈試探湖南夜歌子與楚文化的淵源關係〉，《湘潭大學學報（人文社會科學版）》，（湖南湘潭：湘潭大學，1986 年），第 2 期，175～181。

11. 巫瑞書：，〈南方喪葬風俗、歌謠與楚文化〉，《湖南師範大學社會科學學報》，（湖南長沙：湖南師範大學，1991 年 3 月，第 20 卷第 2 期），頁 124～128。

12. 夏敏：〈咒語、祈導語、頌神詞與詩的誕生〉，《民族文學研究》，（北京：中國社會科學院少數民族文學研究所，2004 年 1 月），頁 68～73。

13. 謝亞平、雷衛東撰〈土家「苦情歌」之異同及其文化闡釋〉，《重慶三峽學院學報》，（四川重慶：重慶三峽學院，2006 年第 5 期第 22 卷），頁 29～32。

14. 王躍生撰〈清代中期童養婚分析〉，《清史研究》，（北京：中國人民大學清史研究所，1999 年第三期），頁 14～22。

15. 陳妙閩撰〈從汪輝祖「童養媳非媳」案看清代司法文書的考據之風〉，《文史資料──應用文體學研究》，（江蘇南京：南京師範大學，2010 年 6 月），下旬刊，頁 228～229。

16. 張一帆撰〈民國時期鄉村社會婚配模式及其影響因素研究〉，《當代經濟》，（湖北武漢：湖北省經幹部管理學院，2007 年第 4 期）。

17. 羅錦芬撰〈左村客家民俗與婦女家庭生活〉，《韶關學院學報》，第 23 卷第 1 期，（廣東韶關：韶關學院，2002 年 1 月），頁 66～75。

18. 魏文斌、唐曉軍、師彥靈撰〈甘肅宋金墓「二十四孝」圖與敦煌遺書《孝子傳》〉，《敦煌研究》，（甘肅蘭州：敦煌研究院，1998 年 7 月），第 3 期。

19. 陳秀芳撰〈歐陽修〈漁家傲十二月令〉聯章詞修辭藝術析論〉一文，收錄於《大同技術學院學報》，（台灣嘉義：大同技術學院，第 17 期，2010 年 1 月）。

20. 萬寶貴著〈青海地區勞動夯歌述略〉，《青海教育》，（青海：西寧，2005 年 6 期）。

21. 向德彩撰〈民間歌謠的社會史意涵〉，《浙江學刊》，（浙江杭州：浙江省社會科學院，2009 年 04 期），頁 74～78。

22. 杜潔欣撰〈論紅歌的藝術特徵〉,《大眾文藝(理論)》,(河北石家莊:河北省群眾藝術館,2009 年 13 期),頁 55～56。

23. 馬華祥撰〈河南時政歌謠的傳統特色〉,《河南師範大學學報(哲學社會科學版)》,(河南開封:河南師範,2002 年),第 29 卷第 4 期,頁 68～70。

24. 張宇、張凱、查嵐撰〈從時政歌談人民的預見性〉,《洛陽大學學報》,(河南洛陽:洛陽大學,1999 年 3 月),第 14 卷第 1 期。頁 64～66。

25. 李傳軍撰〈魏晉南北朝時期的歌謠風議與官民互動〉,《北京師範大學學報(社會科學版)》,(北京:北京師範,2004 年),第 2 期(總 182 期),頁 132～136。

26. 陳豔萍撰〈以民族民間歌謠爲載體研究雲南民族死亡觀的意義〉,《學術論壇》,(廣西南寧:廣西社會科學院,2009 年)第 12 期(總 227 期),頁 95～98。

27. 許英國撰〈民間歌謠的社會功能初探〉,《青海民族學院學報(社會科學版)》,(青海西寧,1991 年),第 2 期,頁 94～100。

28. 彭南均撰〈土家族歌謠的分類與社會作用〉,《吉首大學學報(社會科學版)》,(湖南吉首:吉首大學,1985 年),第 2 期(總十一期),頁 29～35。

29. 趙敏撰〈論中國古代敘事詩不發達的原因〉,《現代語文》,(山東曲阜:曲阜大學,2008 年 5 月),頁 119～120。

30. 吳莉萍撰〈直率的心聲 悲歡的見證──民間歌謠中婦女的婚姻觀念、地位之剖析〉,《黃山高等專科學校學報》,(安徽黃山:黃山學院,2001 年 11 月)第 3 卷第 4 期,頁 84～86。

31. 薛毅撰〈煤礦歌謠:非物質文化遺產與原生態史料〉,《中國礦業大學學報(社會科學版)》,(江蘇徐州:中國礦業大學,2010 年 3 月),第 1 期,頁 105～109。

32. 李傳軍撰〈試論中國古代歌謠的性質及其社會風俗的關係〉,《青島大學師範學院學報》,(山東青島:青島大學,2005 年 3 月),第 22 卷第 1 期。頁 17～22。

33. 徐祖祥撰〈雲南瑤族歌謠的分類及其社會文化功能〉,《西南民族學院學報・哲學社會科學版》,(四川成都:西南民族大學,2001 年 10 月),總 22 卷第 10 期,頁 36～40。

34. 張麗軍撰〈『勞工神聖』、歌謠運動與五四『新憫農詩』的產生〉,《德州學院學報》,(山東德州:德州學院,2009 年 10 月),第 25 卷第 5 期,頁 17～21。

35. 馬寧、錢永平撰〈羌族歌謠的分類及其社會文化功能〉,《阿壩師範高等

專科學校學報》，（四川汶川：阿壩師範高等專科學校，2006 年 6 月），
第 23 卷第 2 期，頁 8～12。

36. 劉紅梅、劉楚魁撰〈梅山婚俗歌謠中的求子習俗〉，《懷化學院學報》，（湖
南懷化：懷化學院，2005 年 2 月），第 24 卷第 1 期，頁 21～23。

37. 夏敏撰〈喜瑪拉雅山地歌謠的民俗學解讀〉，《民俗研究》，（山東濟南：
山東大學，2001 年 4 月），頁 122～138。

38. 邢怒海撰〈焦作傳統婚俗文化與民間歌謠〉，《焦作師範高等專科學校學
報》，（河南焦作，2003 年 12 月），第 19 卷第 4 期，頁 1～4。

39. 孟修祥撰〈荊楚歌謠的地域文化特色略論〉，《長江大學學報（社會科學
版）》，（湖南荊州：長江大學，2005 年 6 月），第 28 卷第 3 期，頁 5～10。

40. 張在興、李健美撰〈民國華北農村婚姻行爲中的陋俗問題〉，《重慶社會
科學》，（重慶市：重慶社會科學院，2007 年），11 期（總 156 期），頁
78～82。

41. 張曉莉撰〈武當山民歌中的童養婚現象淺析〉，《文教資料》，（江蘇南京：
南京師大，2006 年 8 月），中旬刊，頁 78～79。

42. 蘇曉青撰〈江蘇北部的淤方言俗字的考察〉，《方言》，（北京：中國社會
科學院語言研究所，2004 年 5 月），第 2 期，頁 188～192。

43. 廖開順撰〈侗族歌謠事象的文化功能〉，《民間文化》，（北京：中國民間
文藝家協會，2000 年 7 月），第 7 期，頁 21～24。

44. 姚文豔撰〈淺議陝北民歌中的民俗現象〉，《科學之友》，（山西太原：山
西省科學技術協會，2008 年 11 月），第 32 期，頁 96～97。

45. 昂自明撰〈彝族撒尼人祭『密枝』的原始功利目的探源〉，《雲南民族學
院學報（哲學社會科學版）》，（雲南昆明：雲南民族學院，2001 年 5 月），
第 18 卷第 3 期，頁 35～38。

46. 劉旭青撰〈浙江商販文化中「叫賣歌」分析〉，《湖南人文科技學院學報》，
（湖南婁底：湖南人文科技學院，2010 年 1 月），第 1 期，頁 115～116。

47. 吳廣平撰〈一首遠古先民消災祈福的巫咒歌謠──「臘辭」的文化人類
學闡釋〉，《文化學刊》，（遼寧瀋陽：遼寧社會科學院，2008 年），第 4
期（總 12 期），頁 24～29。

48. 馬傳華撰〈歌謠、諺語、俗語中的寧夏回族婚姻文化〉，《內蒙古大學藝
術學院學報》，（內蒙呼和浩特：內蒙古大學藝術學院，2009 年），第 6
卷第 2 期（總 20 期），頁 132～135。

49. 段晉中撰〈中西民間情歌在表現手法上的差異〉，《文化月刊》，（北京：
中國文化報，2010 年），Z1 期，頁 87～89。。

50. 安東煥撰〈吳歌與西曲雙關語考察〉，《山東教育學院學報》，（山東濟南：
齊魯教育學院，1997 年），第 5 期，總 63 期，頁 17～22。

51. 刁統菊撰〈嫁妝來源及象徵的多樣性分析〉,《廣西民族研究》,(廣西南寧壯族治區:廣西民族研究所,2007 年),第 1 期（總 87 期）,頁 61～68。

52. 錢惠英撰〈從徽州民謠看徽州婦女〉,《徽州師專學報（哲學社會科學版）》,(安徽黃山:黃山學院學報,1996 年 10 月),第 10 卷第 4 期,頁 31～39。

53. 劉楚魁撰〈梅山情歌的源流與特徵〉,《湖南人文科技學院學報》,(湖南婁底:湖南人文科技學院,2005 年 2 月),1:82,頁 31～34。

54. 溫文芳撰〈晚清童養媳的婚姻狀況及其盛行的原因〉,《甘肅行政學院學報》,(甘肅蘭州,2005 年 2 月),總 52 期,頁 127～129。

55. 王友富撰〈土家族情歌文化及其民族性格研究〉,《湖北民族學院學報（哲學社會科學版）》,(湖北恩施:湖北民族學院,2009 年),第 29 卷第 4 期,頁 18～20、40。

56. 馬華祥撰〈論大西南民間情歌的開放性〉,《中南民族大學學報（人文社會科學版）》,(湖北武漢:中南民族大學,2003 年 3 月),23:2,頁 125～128。

57. 王秀萍撰〈論中國古代情歌『女性相思情結』現象產生的社會原因〉,《美與時代》,(河南鄭州:河南省美學會;鄭州大學美學所,2008 年),第 10 期,頁 128～129。

58. 馬華祥撰〈北方漢族民間情歌的地域特點〉,《河南師範大學學報——哲學社會科學版》,(河南新鄉:河南師範大學,1994 年),第 21 卷第 5 期,頁 75～78。

59. 王曉宇撰〈哭嫁——一種儀式的中國文化透視與思考〉,《中南民族大學學報（人文社會科學版）》,(湖北武漢:中南民族大學,2006 年 1 月),26:1,頁 138～140。

三、學位論文

1. 王強強撰〈色彩在文化中的象徵意義——以臺灣和美國為例〉,臺灣師範大學設計研究所碩士論文,民 96 年

四、網路資料

1. 《新亞研究所——典籍資料庫:二十五史之〈清史稿·列傳一百二十六〉》,卷 339。
（http://newasia.proj.hkedcity.net/resources/25/qingshigao/index.phtml?section_num=339）

2. 〈國學網——中國經濟史論壇〉:

http://economy.guoxue.com/article.php/18423

3. 張忠泰撰:〈民國時期的徐州煤礦〉(《徐州史志網》,
http://www.xzsz.gov.cn/neirong.asp?id=771)

4. 〈南齊書‧五行志〉(卷十九志十一)。
http://www.guoxue123.com/shibu/0101/00nqs/018.htm

5. 〈毛語錄〉。http://zhongwen.com/x/mao2.htm

6. 〈中華人民共和國歷史〉,
http://zh.wikipedia.org/wiki/%E4%B8%89%E5%B9%B4%E5%9B%B0%E9
%9A%BE%E6%97%B6%E

7. 《毛澤東語錄‧文化藝術》。http://zhongwen.com/x/mao32.htm

8. 徐珂著《清稗類鈔》。
http://www.open-lit.com/listbook.php?cid=41&gbid=322&bid=14856&start=0

9. 宋‧孟元老著《東京夢華錄》,
http://www.open-lit.com/listbook.php?cid=5&gbid=298&start=0

10. 唐李百藥撰《北齊書》http://www.sidneyluo.net/a/a11/a11.htm

11. 唐李延壽《北史》。http://www.sidneyluo.net/a/a15/a15.htm

12. 明‧馮夢龍著《喻世明言》卷四〈閒雲庵阮三償舊債〉,
http://open-lit.com/listbook.php?cid=4&gbid=93&bid=3713&start=0

13. 歐陽修撰《新五代史》歐陽修編撰,
http://www.guoxue123.com/shibu/0101/00xwds/031.htm

14. 宋‧蘇軾《蘇軾文集》,
http://140.138.172.55/su_shih/su_thing/article/bin/all_body.asp?paper_id=00
000806)

15. 明‧李時珍《本草綱目》http://www.theqi.com/cmed/oldbook/book132

16. 教育部國語文推行委員會《重編國語辭典修訂本》,
http://dict.revised.moe.edu.tw/

17. 柯楊撰〈五更調〉,收錄於〈中國百科網〉,
http://www.chinabaike.com/article/1/78/433/2007/20070520113314.html

18. 《孟子》,http://ctext.org/mengzi/zh

19. 《呂氏春秋》,http://ctext.org/lv-shi-chun-qiu/yin-ci/zh.

20. 柯劭忞總纂《清史稿》,
http://www.angelibrary.com/oldies/qsg/043.htm,
最後查閱日期:2011/06/13

21. 〈中華民國歷史〉,
(http://zh.wikipedia.org/wiki/%E4%B8%AD%E8%8F%AF%E6%B0%91
%E5%9C%8B%E6%AD%B7%E5%8F%B2

22. 《太平廣記》第一五九卷〈定數十四‧婚姻‧定婚店〉，
    http://www.millionbook.net/gd/l/lifang/tpgj/162.htm
    （最後查詢日期：20110627）